# SCIENCE TRAVEL GUIDE
## 科学导游指南

诸城

丛书主编　陈安泽

陈树清　张艳霞　孙佳凤　牛　涛　焦自香　编　著

上海科学普及出版社

图书在版编目（CIP）数据

诸城科学导游指南/陈树清等编著.——上海：上海科学普及出版社，2013.7

（中国国家地质公园丛书）
ISBN 978-7-5427-5469-1

Ⅰ.①诸…Ⅱ.①陈…Ⅲ.①旅游指南—诸城市
Ⅳ.①K928.952.4

中国版本图书馆CIP数据核字（2012）第186043号

责任编辑：胡 伟
封面设计：李 军

中国国家地质公园丛书
诸城科学导游指南

陈树清 张艳霞 孙佳凤 牛 涛 焦自香 编著
上海科学普及出版社出版发行
（上海中山北路832号 邮政编码200070）

各地新华书店经销 上海豪杰印刷有限公司印刷

开本889×1194 1/32 印张4.125
2013年7月第一版 2013年7月第一次印刷

ISBN 978-7-5427-5469-1 定价：36.00元

## 丛书主编

**陈安泽**
著名旅游地学专家、中国地质科学院研究员

# 本书编辑委员会

科学顾问// 徐 星　姬书安　柳永清　王海军
主　任// 王克柏　钟兆湘
副主任// 徐 利　崔卫生　于 飞
委　员（按姓氏笔画为序）//
　　　　　王秀珍　王海滨　王培业　闫团祥　陈树清　刘焕春
　　　　　李慧峰　杜怀青　宗 雷　郭 华
主　编// 王克柏
副主编// 陈树清
编　著// 陈树清　张艳霞　孙佳凤　牛 涛　焦自香
照片提供// 山东省诸城市恐龙文化研究中心
　　　　　山东省诸城市恐龙国家地质公园管理处

## 主编的话

地质公园（Geopark）是21世纪涌现出来的一项新生事物，是地质工作开拓服务领域的一项创举，是旅游业的一个新品牌。顾名思义，地质公园是以地质遗迹为主要观赏、游览对象的公园。地质遗迹听起来似乎有些陌生，其实自然界的山山水水、古生物化石等都属于地质作用形成的地质遗迹，那些以真山真水构成的自然公园，都属于地质公园的范畴，只不过在21世纪之前没有正式命名罢了。值得特别提出的是，建立地质公园的思想是中国旅游地学家率先提出的，地学家在20世纪70年代末期中国蓬勃兴起的旅游业服务中受到启发，为了保护地质遗迹和为旅游业提供具有地学知识含量的旅游场所，于1985年先后向国务院和原地质矿产部提出建立"地质公园"、"国家地质公园"的建议，因当时时机尚不成熟而未能正式实现。20世纪末，联合国教科文组织提出了建立"世界地质公园网络（Unesco Network of Geoparks）的倡议，中国旅游地学家抓住这个机遇，于1999年向国土资源部提出建立地质公园的建议，国土资源部接受了建议，决定开展中国国家地质公园计划。2000年末，云南石林等中国首批国家地质公园诞生，这也是世界上第一次出现"国家地质公园"。到2011年止，中国已建成140处国家地质公园，另有60处获得了建设国家地质公园资格，正在积极建设中。在中国及欧洲推动下，2004年世界地质公园正式面世，现今中国已有26处地质公园成为联合国教科文组织"世界地质公园网络"成员，并有大批省级地质公园建立。在短短的11年中，一个管理级别有序、地质景观类型多样、地理分布面广的中国地质公园体系已初步建立，地质公园已成为最受欢迎的旅游对象之一，并展现了光明的发展前景。

地质公园担负着三项主要任务：第一，保护自然环境，保护地质遗迹；第二，开展普及地球科学知识，促进全民族科学素质的提高；第三，开展旅游活动，促进地方经济社会可持续发展。地质公园中不但含有各种具有特殊科学价值和美学价值的地质地貌景观，同时往往含有其他重要价值，如人文景观和丰富多彩的生物、气象景观。游人在地质公园中，不但可以欣赏到山水美景，享受到优良的生态环境，还可以在游览中顺便获得许多地学、生物学和历史文化知识，增加游兴，获得高层次的精神享受。

但是，由于山水形成的道理较为深奥，许多游人在游山玩水中想获得这些知识却缺乏途径。为了把地质公园内涵丰富的科学价值、美学价值和历史人文等信息更好地传递给公众，使游人在欣赏山川美景、享受自然风光的同时，能够获取科学知识、感悟历史文化熏陶，我们在各级国土资源部门和各地质公园的支持下，组织了国内著名的旅游地学专家，编纂了这套《中国国家地质公园丛书》。截止2011年已出版了庐山、五大连池、黄山、张家界等9种，受到了读者的热烈欢迎，也极大地鼓舞了编写人员的创作热情。自2012年起，对丛书进行改版，将国家地质公园按批准顺序编号，加快出版各地质公园单行本，并按惯例将各省按序编卷，出版各省、市国家地质公园丛书分卷本。

丛书以国家地质公园为单位，从科学导游的角度，深入浅出、图文并茂地阐述各地质公园中各类地质地貌景观的形成演变、发展过程，同时还系统地介绍公园其它自然和人文景观，使科学和人文融为一体，还把各种景物按园区和旅游线路组织起来，方便读者阅读使用。另外，书中也介绍了公园周边风景名胜及去地质公园时如何安排吃、住、行、游、购、娱等实用信息，对自助旅游可以起到较好的指导作用。本丛书是了解中国自然山水、人文历史的知识宝库，具有重大的收藏价值。

衷心感谢王艳君等同志、各位作者、上海科学普及出版社等在编辑出版过程中的尽力协助。

陈安泽
2012年5月

# 目录
# CONTENTS

## 纵览诸城　　1
2 — 齐鲁大地明珠
7 — 形胜鲁东南
13 — 中国龙城

## 诸城地史　　19
20 — 诸城区域地质背景
26 — 地质演化史
28 — 诸城地质遗迹类型及分布

## 人文历史　　31
32 — 诸城历史沿革
38 — 文化之邦名人辈出
44 — 多彩的地方文化艺术

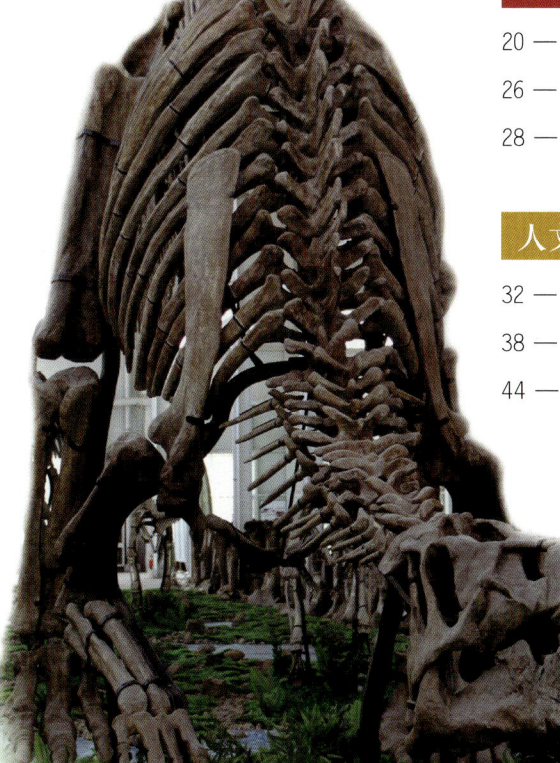

## 旅游诸城　　　　　49

50 — 中国龙城，恐龙探秘之旅

75 — 舜帝故里，中国优秀旅游城市

## 思索诸城　　　　　95

96 — 恐龙化石奇观是怎么形成的

99 — 诸城鸭嘴龙揭秘

109 — 诸城恐龙灭绝探秘

## 旅游资讯　　　　　111

112 — 行　　　113 — 住

115 — 吃　　　118 — 游

119 — 购　　　121 — 娱

中国国家地质公园丛书编制出版编目

# 纵览诸城

齐鲁大地明珠
形胜鲁东南
中国龙城

# 齐鲁大地明珠

诸城位于山东半岛东南部，是国务院确定的全国沿海对外开放城市、全国综合改革试点市和中国优秀旅游城市。诸城被誉为"中国龙城"，境内化石资源丰富，拥有世界上规模最大的恐龙化石群；诸城又是"舜帝故里"，上古名君虞舜就诞生在境内的诸冯村。

▲ 诸城在中国的位置图
▶ 诸城的母亲河——潍河

诸城，古称密州，地处山东半岛东南部，泰沂山脉与胶潍平原交汇处，地理坐标为东经119°00′19″～119°43′56″，北纬35°42′23″～35°21′05″，东西最大横距66.5千米，南北最大纵距72千米，市境呈彩蝶状，总面积2182.7平方千米。她东临海滨名城青岛，南毗港口城市日照，胶新铁路、青兰高速公路穿城而过，地理位置十分优越，是山东半岛重要的交通枢纽。

诸城因上古名君舜帝出生于城北的诸冯村而

得名。诸城,原名东武,西汉初年置县。隋开皇十八年(598年),改名诸城,取东汉诸县为名。1987年,撤县建市。诸城置县后,曾先后兼为琅琊郡治、城阳郡治、胶州治、高密郡治、密州治、安化军治,明洪武二年(1369年),省密州,即密州治为诸城县治。境内出土文物众多,故城林立,上迄秦汉,下至明清,诸城为历代王朝赏功臣、赐贵戚、封王封侯的宝地,齐鲁大地之名城。

诸城市现有人口约108万人,下辖13处镇(街)和市经济开发区、高新技术产业园和南湖生态经济发展区。人口以汉族为主,有满、回、藏、壮、瑶、朝鲜、蒙古、锡伯等8个少数民族。

诸城市地形属胶莱冲积平原南部的潍河平原,地势南高北低,东南部为起伏较大的低山丘陵,有若干谷状盆地,中部向北,是一大片波状平原,边缘有低山缓丘分布。潍河犹如一条玉带,蜿蜒曲折穿过诸城一路向北流入渤海湾,千百年来,哺育了鲁东南的人民,孕育了诸城悠久灿烂的历史文化。诸城地处鲁东南交通要冲,西控泰、沂,东扼黄海,为连接水路的咽喉之

National Geopark of China | 中国国家地质公园丛书

地。方圆数百里的诸城大地，春秋时即为齐鲁会战的疆场，战国时为齐楚交兵的边陲重地，有秦始皇东巡琅琊留下的石刻，有楚汉交兵的遗迹，飘扬过红袄忠义军的义旗，驰骋过唐赛儿起义军的铁骑，是辛亥革命的前线，是抗日战争的根据地。明万历诸城县志这样描述诸城："海岱惟青州，而属邑隶于青者，东南为最，东南邑接壤而岿然壮者，诸邑为最。群山纠纷崡岈，河水潆带，

滔滔汩汩达海中。两城并峙，军民错居如绣，中间列屯煮海，通商利农，家诗书而户阛阓，绮与盛哉！是勾践所徙都也，是齐景所欲观也；是秦皇鞭石驾海，刻琅琊颂功德；是汉家封建诸侯王子，而我明冠带之奥州也"，"东以控驭海邦，西以藩屏郡治，而巩固京室，诸邑之称最于东南有既哉"！

　　诸城是一个正在崛起的新兴城市，改革开放以来，先后创造了商品经济大合唱、贸工农一体化、农业产业化、中小企业改制、为民服务联动、农村社区化服务与建设等闻名全国的"诸城经验"，有力地促进了全市经济社会又好又快发展。2005年，国家统计局在中国县级行政区综合评估中，诸城市位居中国肉类生产百强县第4位，中国百强县（市）第65位。中国县域经济网（中郡县域经济研究所）组织的第十届（2010年）中国县域经济基本竞争力百强县（市）第35位，2012年列百强县（市）第33位。

　　诸城市隶属于潍坊市，潍坊历史悠久，源远流长，早在7000多年前，就有人在这里生活定居。夏商代，境内有斟灌、寒、三寿等封国。周初，

◀ 山东省地形图
▼ 诸城夜景

武王封太公望于齐，都营丘（今昌乐境内）。春秋时期，现市辖区分属齐、鲁、杞、莒等国。战国时，大部属齐，诸城等地属鲁。秦代，东部属胶东郡，高密置县，西部属临淄郡，东南部属琅琊郡。汉代，市境为青、徐2州刺史部所辖，分属北海、琅琊、齐3郡和甾川、高密、胶东三国。三国时，地属魏。南北朝时，南朝地为刘宋，北朝地属元魏。隋代市境属北海、高密郡。唐代属河南道，青、密二州。元属中书省山东东西道宣慰司，置益都路。明朝市境置青州、莱州二府，属山东承宣布政使司。清朝为青州、莱州二府所辖，属山东省。

潍坊风筝世界闻名，可以追溯到鲁国大思想家墨翟制作第一只"木鸢"，至今已有2000多年的历史。明代开始兴盛，清朝中叶，潍坊开始出现专门从事风筝制作的民间艺人。据《潍县志稿》载："本邑每逢寒食，东门外，沙滩上……凌空纸鸢，高入云端。""清明，小儿女作纸鸢、秋千之戏，纸鸢其制不一，于鹤、燕、蝶、蝉各类外，兼作种种人物，无不惟妙惟肖，奇巧百出，"曾做过七年潍县县令的郑板桥曾写过这样一首诗："纸花如雪满天飞，娇女秋千打四围，五色罗裙风摆动，好将蝴蝶斗春归"，把潍县的风筝特点和放风筝的风俗描写的淋漓尽致。1988年，潍坊市被国内外风筝界选为"世界风筝都"。

▲ 潍坊风筝
▶ 扶淇河湿地生态园

# 形胜鲁东南

> 诸城背依泰沂山脉,东面黄海,潍河蜿蜒北上,通达渤海湾,属于山东丘陵至潍河平原的过渡地带,东南部为低山丘陵,中北部为波状平原。

诸城背依泰沂山脉,东面黄海,潍河蜿蜒北上,通达渤海湾,属于山东丘陵至潍河平原的过渡地带,东南部为低山丘陵,中北部为波状平原。全市山地面积占总面积的30.1%,丘陵占22.6%,平原占32.25%,洼地占15.05%,水面占1.25%,境内最高点海拔670米,最低点海拔19米。地处山东半岛的诸城,兼山得海,千里平畴,土地肥沃,物产丰富,可谓形胜鲁东南。

诸城市境内海拔百米以上山岭60余座,大都集中在市境东南部,多呈东西走向,属泰沂山余脉之马耳山脉。马耳山海拔706米,山势陡峭,溪洞深

远，坐落在五莲、诸城交界处，自西向东蜿蜒入海，成为渤海和黄海两大水系的分水岭。大山位于市境东南端，海拔571米。障日山、卢山、竹山等，海拔均在400米上下。市境东北部有白龙山，北部有巴山，西北部有白石岭、锡山、荆山、孙家西岭等，海拔均在200米左右。

境内河流近50条，潍河流量最大，自成一系，发源于莒县之潍山，由西南向北经墙夼水库入市境，总向东北流，穿市境中部而过，至市境北端与渠河交汇出境。境内流程65千米，流域面积1908.2平方千米。潍河在境内支流较多，组成叶脉状水系。其主要支流有贾悦河、尚沟河、长阡沟、渠河、涓河、扶淇河、卢河、百尺河。潍河水系河床比降大，水流湍急，侵蚀力强，河谷下切深邃，水土流失严重。解放后历经治理，现已逐步变害为利。市境东北部有五龙河，源出九龙山西麓，北流8千米出境，经高密市境入胶莱河。东南部有吉利河，源出有二，一为千秋岭，一为鲁山西南麓，至林家村镇桃园村东相汇，南流10千米出境，经胶南与白马河交汇后注入黄海。

诸城市属暖温带大陆性季风区半湿润气候，四季分明，光照充足，无霜期长。春旱多风，夏热多雨，秋高气爽，冬季干燥寒冷为其主要气候特征。最佳旅游季节是每年的九月、十月。历年平均气温12.0℃，极端最高气温

39.0℃，极端最低气温-19.7℃。初霜期一般在10月23日，终霜期多在翌年4月18日，平均无霜期186天。年平均光照2578.4小时，日照率58%。年平均太阳辐射总量145.5千卡/平方厘米。年平均降水量775.8毫米。按地区分布由东南向西北逐步递减，地区分布不均，山丘区降水量偏大，平原区偏小，但汛期暴雨出现的地区，也具有一定的偶然性。年内季节分配差异大，有明显的雨季，以6至8月为最盛，占年降水量的64%。12月至翌年2月约占4%。

◀ 障日山
◀ 诸城之春
◀ 诸城之夏
▲ 龙塔
▼ 诸城之秋
▼ 诸城之冬

▲ 美丽的野花点缀着山野
▼ 白玉香附诸香附
▶ 狐狸
▶ 虎纹伯劳

冬春降水量过少，经常干旱。

全市植被以栽培作物为主，粮食作物有小麦、玉米、地瓜、高粱、谷子、大豆等；经济作物有棉花、黄烟、花生、蔬菜等。其次为林木，主要树种有杨、槐、桐、柳、榆、松、楸、椿、苹果、桃、梨、枣、杏、板栗、山楂等。自然植被以杂草为主，其次为落叶灌木。主要杂草有狗尾草、节节草、蒿子、苍耳、苦菜、小蓟、蒺藜、灰菜、车前子、牵牛花、芦苇、茅草、马齿苋、玫蒿等，落叶灌木有山枣、紫穗槐、荆条、映山红等。全市植被总面积2752578亩，覆盖率超过80%，其中人工植被面积占植被面积的89.5%，占全市面积的75.2%；自然植被面积占植被总面积的10.5%。全区拥有森林公园9处，其中省级3处（竹山森林公园、马耳山森林公园、密州森林公园）、潍坊市级2处（大山森林公园、诸城市古板栗园森林公园），潍坊市级4处（救主山森林公园、磊石山森林公园、障日山森林公园、芦山森林公园），全市森林公园总面积8424公顷，分别是竹山省级森林公园1000公顷、马耳山省级森林公园483公顷、密州省级森林公园200公顷、大山市级森林公园1760公顷、诸城市古板栗园市级森林公园1567公顷、救主山县级森林公园700公顷、磊石山县级森林公园730公顷、障日山县级森林公园744公顷、芦山县级森林公园1240公顷。

诸城市基本没有原始植被，以人工植被为主。诸城市近年来大力开展荒山造林和封山育林，以常山、潍河、大山、马耳山、庙山等五大林场建设为重点，全面铺开绿化造林工作，使森林覆盖率超过了30%。人工植被除耕作层地带农作物外，丘陵区上部、河流沿岸、堤坡溪边、路旁等地，多以木本植物为主，属落叶阔叶林区。主要野生植物有酸枣、枸杞等灌木类，豆秋类、芦苇、蒲草、莲等水生植物，以及各种各样的野花、野菜、野草。野生中药材资源丰富，开发利用历史悠久，据调查，诸城共有药材120科、355种，其中植物药材292种，常用品种147个。诸城为驰名全国的"诸香附"生产地，据清《乾隆诸城县志·方物考》记载：诸城出产的香附大约在1500年前开始被人们认识应用，其主要药用功效理气疏肝，调经活血，适用于胃腹胀痛、两肋疼痛、月经不调等症。潍河岸边的玉山社区出产的香附别具特色，药效高，质量好，个大质坚实，横断面色紫红，角质层有明显的金丝圈，历史上被行家誉为"白玉香附"而驰名全国，是诸香附中的姣姣者。

诸城野生动物资源较丰富，特别是地质公园及其外围地区，主要有兽类、鸟类、昆虫、鱼类、水生动物等。

兽类主要有野兔、狐狸、獾、刺猬、蝙蝠、鼬、鼹鼠等。其中野兔、鼠类最多，狼偶见于南部山中密林间。狐狸、獾、狸等目前有逐渐减少趋势。

区内野生鸟类有21科34种。其中留鸟16种，候鸟18种。留鸟有麻雀、喜鹊、灰喜鹊、乌鸦、大山雀、三道眉草鹀、黑卷尾、黄窝兰子、雉（山草鸡）、鸽、大斑啄木鸟、绿啄木鸟、猫头鹰、雕、白鹭等。其中，喜鹊、灰喜

鹊繁衍增多，常见几十只、几百只聚于成片树林中。候鸟有灰顶伯劳、虎纹伯劳、家燕、紧腰燕、金翅雀、蜡嘴、柳莺、苇莺、大雁、山斑鸠、灰斑鸠、大杜鹃、四声杜鹃、金眶鸻、翠鸟、代胜、黄莺。

昆虫类有赤眼蜂、金小蜂、蜜蜂、茧蜂、姬蜂、牛虻、蝴蝶、螳螂、蝉、蟋蟀、蝎子、土元、蜘蛛、蚕、虹蟥、蝗、蝈蝈、蜻蜓、天蚕蛾、毛毛虫、地老虎、蝼蛄、瓢虫、草蛉、平甲虫、金龟子、虎岬、九香虫及蜡等。

鱼类常见的有7科23种。鲤科有草鱼、鲢鱼、鳙鱼、团头鲂、细鳞斜颌鲴、黑鲤、红鲤、鲫鱼、马口鱼、鳑皮鱼、麦穗鱼、棒花鱼、红翅鲌、翅嘴红鲌、青梢红鲌；鲶科有土鲶；鮠科有黄颡鱼；鳅科有泥鳅；合鳃科有黄鳝、白鳝；攀鲈科有园尾斗鱼。另外，有虾、蟹、甲鱼、贝等。

区内河流、水库水生动物资源较丰富，种类繁多。原生动物有旋回侠盗虫、中华似铃壳虫、迈氏钟形虫；轮虫类有长三棱轮虫、晶裹轮虫、矩形龟甲轮虫、叶轮虫；枝鱼类有刺蚤、晶莹仙达蚤、矩形尖额蚤；挠足类有无节幼体、近邻剑蚤、长江新镖蚤等。

软体动物，主要有螺、河蚌、蜗牛；两栖类有青蛙、蟾蜍；爬行类有蛇、蜥蜴、壁虎等。

动物类药材主产品种有37个，其中，常用品种有蝉蜕、刺猬皮、蟾酥、桑蛸、土元等。分布广泛，主要产于山区及河流地带。蟾酥、蝉蜕是区内动物药材的主要品种。

# 中国龙城

诸城是世界最大规模恐龙化石埋藏地,在全市13处镇(街道)共发现恐龙化石点30多处,埋藏总面积达1600多平方千米。2008年,诸城被命名为"中国龙城"。

山东诸城恐龙国家地质公园恐龙涧遗迹区是世界上迄今为止已发现的体型最高大的鸭嘴龙——"巨大诸城龙"化石发掘地,地质公园内不仅发现和装架了巨型山东龙、巨大诸城龙等数架恐龙化石骨架,还发现面积达2万多平方米的暴露化石。恐龙化石种类有鸭嘴龙、暴龙、角龙、甲龙、虚骨龙、蜥脚类等,其中角龙科化石是在亚洲首次发现,另外还发现了大量纳玛象化石、古菱齿象化石以及鱼类、双壳类、腹足类、叶肢类、介形类、昆虫、植物、孢粉等化石。这些化石极大地丰富和推

◀ 猫头鹰
▼ 装架完成的恐龙骨架标本

动了地层古生物的研究，对于研究胶莱盆地的地质年代、白垩纪晚期古气候、古地理、古环境变迁、古生物进化、火山活动等地质内容提供了珍贵的实物材料，对于探讨恐龙灭绝的原因具有重要意义。到目前为止，这里发现的恐龙化石不仅集中，而且属种多、埋藏量大、保存完整，成为世界范围内暴露面积最大的恐龙化石群，是我国重要的以鸭嘴龙类为代表的晚白垩世恐龙化石产地。2008年10月，被中国地质调查局地层与古生物中心授予"中国龙城"称号。2009年3月，被中国科学院古脊椎动物与古人类研究所、中国地质科学院分别命名为"恐龙科研科普基地"、"地质科研科普基地"，2009年12月，被中国科协授予"全国科普教育基地"。

山东诸城恐龙国家地质公园位于诸城市龙都街道办事处的臧家庄、西见屯一带，地理坐标为东经119°18′34″～119°20′35″，北纬

▼ 恐龙涧化石长廊全景
▶ 恐龙涧化石长廊局部

35°54′55″~35°57′05″。处于低山丘陵区向平原过渡处，周围地势较平坦，海拔在70~100米之间。公园南部为起伏较大的低山丘陵区，北部为潍河冲洪积平原地貌，山东诸城恐龙国家地质公园恐龙涧遗迹区为剥蚀缓丘地貌。山东诸城恐龙国家地质公园区域上位于山东东部胶莱盆地。属鲁东地层分区，其南部的郝戈庄断裂以北属莱阳地层小区，以南属胶南—东海地层小区。主要地层为中生代白垩纪莱阳群、青山群以及王氏群，主要以火山岩和碎屑岩为主，广布于郝戈庄断裂以北的中生代诸城凹陷盆地中；第四系则分布于潍河、渠河等冲积、洪积平原及山间盆地内。

诸城具有极为丰富的恐龙化石资

源，是罕见的同时拥有恐龙骨骼化石、恐龙蛋化石和恐龙足迹化石的地区。经中外专家证实，已具有5个世界之最。

### 世界最大规模恐龙化石埋藏地

在全市13处镇（街道），共发现恐龙化石点30多处，埋藏总面积1600多平方千米。

### 世界暴露面积最大的恐龙化石群

2008年,在恐龙涧发现了"恐龙化石长廊"和"恐龙化石隆起带"两大地质遗迹。其中,恐龙化石长廊,长约500米,均深约30米,出露化石近万块;恐龙化石隆起带,长约300米,宽20余米,出露化石1000多块;在臧克家故里发现了臧家庄"恐龙化石层叠区",2000多块恐龙化石高低错落,层层叠叠,蔚为壮观。据专家证实,这三处恐龙化石地质遗迹构成了目前世界上暴露面积最大的恐龙化石群。

### 世界规模最大的恐龙足迹群

诸城皇华镇大山社区一个叫皇龙沟的冲沟内,发现了一处大规模恐龙足迹群。这一足迹群已探明面积5000多平方米,发现恐龙脚印11000多个,有兽脚类、蜥脚类等恐龙属种的足迹化石。被专家证实为世界上规模最大的恐龙足迹群。

### 世界最大的鸭嘴龙骨架群

诸城发现的恐龙化石以鸭嘴龙为主,已发现鸭嘴龙股骨化石500多块,足够装架起200多具恐龙化石骨架。目前已成功装架起"巨型山东龙"、"巨大诸城龙"、"巨大华夏龙"等一批鸭嘴龙化石骨架。

### 世界最丰富恐龙属种产出地

诸城发现的完整而罕见的纤角龙化石骨架,经专家研究证实为角龙类的祖先;出土了较为完整的、中国最大的暴龙骨架和角龙骨骼化石;首次在北美

## 知识链接

### 中生代

中生代（Mesozoic）是显生宙的三个地质时代之一，分为三叠纪、侏罗纪和白垩纪三个纪。中生代最早是由意大利地质学家Giovanni Arduino所建立的，当时名为第二纪（Secondary），以相对于现代的第三纪。在希腊文中，中生代意为"中间的"+"生物"。中生代介于古生代与新生代之间。由于这段时期的优势动物是爬行动物，尤其是恐龙，因此又称为爬行动物时代（Age of the Reptiles）。中生代也是板块、气候、生物演化改变极大的时代。在中生代开始时，各大陆连接为一块超大陆—盘古大陆。盘古大陆后来分裂成南北两片，北部大陆进一步分为北美和欧亚大陆，南部大陆分裂为南美、非洲、印度与马达加斯加、澳洲和南极洲，只有澳洲没有和南极洲完全分裂。中生代的气候非常温暖，对动物的演化产生影响。在中生代末期，已见现代生物的雏形。

以外发现了大型的尖角龙颈盾化石和新角龙类化石，都属恐龙新属种，被中科院著名恐龙专家徐星分别命名为"诸城中国角龙"和"意外诸城角龙"，这一发现在亚洲地区尚属首例。

目前诸城发现的恐龙属种已超过10个。联合国教科文组织世界地质公园执行局专家组对诸城恐龙化石资源给予高度评价，认为是举世罕见的地质奇观。中央电视台科教频道联合国土资源部、中国科学院于2010年8月

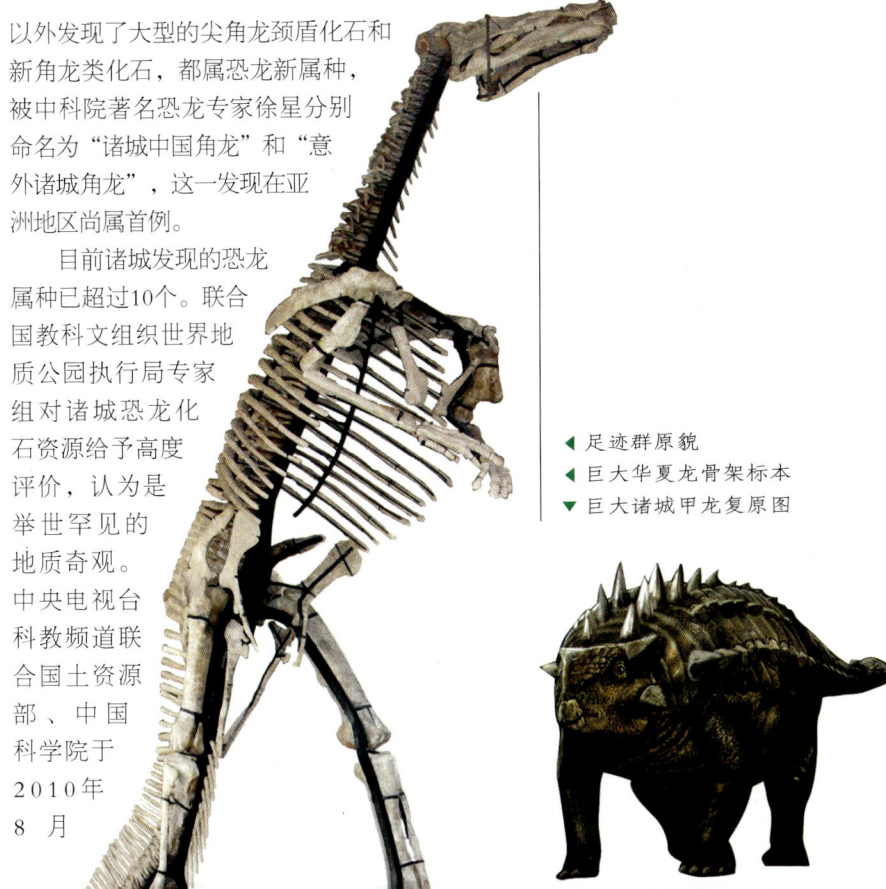

◀ 足迹群原貌
◀ 巨大华夏龙骨架标本
▼ 巨大诸城甲龙复原图

- 巨型诸城暴龙复原图
- 诸城中国角龙复原图
- 暴龙骨架

29日在诸城市举行了3个小时的"中国恐龙大调查"现场直播活动,在社会上产生了广泛影响,据央视统计全球观众超过2亿人次。随后中央电视台科教频道又以诸城恐龙化石资源为题材拍摄了《龙骨迷雾》等系列专题片,在《走近科学》栏目播出。新华社、人民日报等近百家高端媒体纷纷宣传报道诸城恐龙化石资源。2010年12月,国际白垩纪陆相生态系统学术研讨会在诸城市成功举办,确定了诸城恐龙化石在国际古生物研究领域的地位。

# 诸城地史

诸城区域地质背景
地质演化史
诸城地质遗迹类型及分布

# 诸城区域地质背景

山东诸城恐龙国家地质公园是一个以白垩纪典型地质剖面、大型鸭嘴龙类恐龙及其他古生物化石为主的地质公园。公园处于低山丘陵区向平原过渡处，周围地势较平坦，海拔一般在70~100米之间。公园南部为起伏较大的低山丘陵区，北部为潍河冲洪积平原地貌，公园区为剥蚀缓丘地貌。

诸城市境大部分处于沂沭断裂带东侧，大地构造位置上属鲁东隆起区。组成沂沭断裂带东部的两条主干断裂安丘—莒县断裂、昌邑—大店断裂穿越市境西部的孟疃—贾悦一带北北东向通过，南北则跨越胶莱盆地和胶南隆起两个次一级构造单元。境内地层发育不全，地质构造以断裂构造为主，岩浆岩主要为燕山晚期的闪长玢岩和花岗岩。

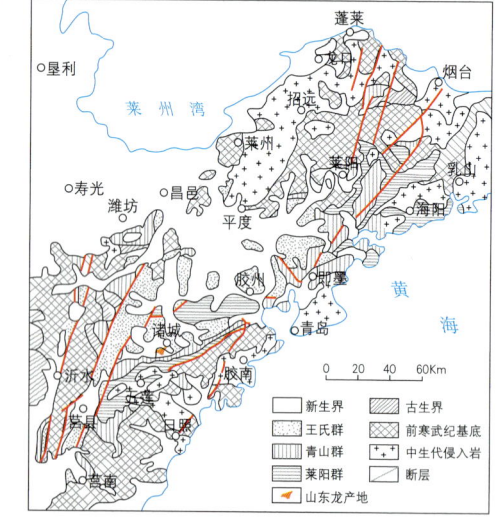

▲ 山东省地形图
▶ 胶莱盆地地质略图
▶ 鲁东第一高峰马耳山
▶ 库沟发掘点王氏群地层
▶ 库沟发掘点王氏群地层

### 地层

山东诸城恐龙国家地质公园位于山东东部胶莱盆地，属鲁东地层分区，其南部的郝戈庄断裂以北属莱阳地层小区，以南属胶南—东海地层小区。境内地层出露较简单，大部地层缺失。有古元古代荆山群、粉子山群变质岩系，主要分布于郝戈庄断裂以南的桃林、桃园、石门以及郝戈庄西南桥上一带；中生代白垩纪莱阳群、青山群以及王氏群，主要以火山岩和碎屑岩为主，广布于郝戈庄断裂以北的中生代诸城凹陷盆地中；第四系则分布于潍河、渠河等冲、洪积平原及山间盆地内，按成因类型有冲积、洪积、残积、坡积物等。

胶莱盆地白垩纪地层出露完整、露头良好，多年来在地层、古生物方面做过详细的调查研究工作。尤其在园区及其外围发现了闻名世界、含量丰富的鸭嘴龙类脊椎动物化石群，成为我国白垩系代表剖面的典型地。

由于研究历史悠久，程度较高，本区地层在时代归属、界限划分与对比等问题上均存在不同的认识，有关"群"、"组"、"段"等地层单位的使用也不统一和规范。本区中生代地

| 谭锡踌 1992 | 长春地院区调二队 | 地质部一普 1962 | 石油地质局综合研究队 1965 | 山东地质局805队 1968 | 山东地层表 1978 | 山东地质局区调队 1987 | 山东地层清理 1994 | |
|---|---|---|---|---|---|---|---|---|
| 上白垩统 王氏层 | 上白垩统 王氏层 四三二一 | 上白垩统 王氏组 三二一 | 上白垩系 王氏系 二一 | 上第三系 上白垩统 王氏群 八七六五四三二一 | 上第三系 上白垩统 王氏组 三二一 | 上白垩统 王氏组 四三二一 | 上白垩统 王氏组 六五四三二一 | 上白垩统 王氏群 | 金岗口组 |
| | | | | | | | | 红土崖组 |
| | | | | | | | | 辛格庄组 |
| | | | | | | | | 林家庄组 |
| 下白垩统 青山层 | 下白垩统 青山组 四三二一 | 下白垩系 青山统 | 下白垩统 青山群 | 下白垩统 青山组 | 青山组 一亚组 中亚组 下亚组 三二一 | 上亚组 中亚组 下亚组 | 下白垩统 青山群 | 石前组 |
| | | | | | | | | 八亩地组 |
| | | | | | | | | 后夼组 |
| 下白垩统 莱阳层 | 下白垩统 莱阳组 上部 中部 下部 | 上侏罗系 莱阳统 曲格庄组 龙旺庄组 水南组 马尔山组 止凤庄组 坊子组 道仙庄组 | 上侏罗统 莱阳群 六五四三二一 | 上侏罗统 莱阳组 四三二一 | 上亚组 下亚组 上亚组 下亚组 | 上侏罗统 莱阳组 瓦层夼组 | 下白垩统 莱阳群 | 曲格庄组 |
| | | | | | | | | 龙旺庄组 |
| | | | | | | | | 水南组 |
| | | | | | | | | 止凤庄组 |
| | | | | | | | | 林寺山组 |
| | | | | | | | | 瓦屋夼组 |
| 古元古界荆山群 | | | | | | | | |

层划分为3群13组, 其中王氏群分为4个组, 青山群分为3个组, 莱阳群分为6个组。通过地质公园的建设也为白垩纪地层进一步研究提供良好的场所。

### 岩浆岩

华北克拉通东部中生代早白垩世以来的岩浆活动异常活跃, 在山东省, 不仅有中—基性火山岩的喷发并携带有少量地幔岩包体以及基性侵入岩, 还有大量花岗岩形成。研究结果表明, 中生代期间这一地区岩石圈地幔为富集型, 富集地幔的形成可能与板块内部古老的交代富集作用有关, 可能与下地壳的拆沉有关, 也可能与三叠纪扬子板块向华北板块之下的大陆深俯冲作用有关。到晚中生代燕山期 (主要在1.2－1.3亿年), 由于地幔失稳导致地幔及地壳发生一系列岩浆活动。来自地幔的基性岩浆部分喷发至地表, 大部分可能侵入到中下地壳引起地壳的部分熔融, 形成一系列花岗岩和中酸性火山岩。山东诸城恐龙国家地质公园附近发育的火山岩对研究火山活动具有重要意义。

位于山东诸城恐龙国家地质公园东南部障日山主体岩石为暗红色流纹岩质含角砾晶屑玻屑凝灰岩, 是由距今1.19亿年前的中生代白垩纪青山期火山活动时喷发的、极黏稠的大量流纹岩质火山灰流、火山角砾等酸性熔岩物,在地面广为散布堆积熔结形成的台地,是典型的"卡特迈"型中生代火山活动,对于研究华北中生代火山活动具有重要的科研价值。

位于山东诸城恐龙国家地质公园西南部的庙山一带的火山岩层厚10～15米,火山岩上下层均为紫红色的细砂岩(为红土崖组)。火山岩呈灰黑色,方解石杏仁体发育,年龄为0.76亿年。

位于山东诸城恐龙国家地质公园南部20千米的马耳山形成于距今1.15亿年前的中生代燕山晚期。来自于地壳深部的花岗质岩浆,侵入于原来火山喷发时形成的放射状裂隙中冷凝成岩,之后随区域性地壳的升降运动被抬升,上覆围岩被剥蚀殆尽,花岗斑岩露出地表,最终使马耳山岩体显现于地表,构成雄伟壮观的地貌形态。流水的冲刷侵蚀、风化、崩塌等地质作用沿着地壳运动所形成的垂直节理进行,塑造了马耳山惟妙惟肖、形态逼真的奇景。这里地势陡峭、怪石嶙峋,象形石、异石兀突,是地质考察研究的理想处所。

◀ 胶莱盆地地层划分沿革表
▲ 组成马耳山山体的花岗斑岩
▲ 障日山暗红色流纹岩质含角砾晶屑玻屑凝灰岩

## 沉积岩

山东诸城恐龙国家地质公园内的地层沉积岩与沉积学研究有悠久的历史,早在1922年,谭锡畴、王恒升等对鲁东盆地进行路线调查。至今积累了大量的科研成果。

区内主要为白垩纪晚期王氏群的砂岩、泥岩、砾岩等,是恐龙及其他古生物化石的赋存层位。根

---

**知识链接**

### 华北克拉通运动

中国大陆板块的演化经历了三次板块构造旋回的叠加。在元古代板块构造旋回末期曾联合为一个元古大陆,并与全球元古联合古陆聚敛在一起。在古生代板块构造旋回初期,中国元古大陆与全球元古联合古陆一起,同步发生裂解、漂移和海底扩张作用。中国元古大陆裂解为新疆古陆、华北古陆、华南古陆、柴达木古陆、华东古陆,它们之间为窄大洋所隔,在古生代时期各陆块在赤道附近,向北半球低纬度带漂移,羌塘—印支古陆于晚泥盆—早石炭世时从冈瓦纳大陆裂解出来,随古特提斯洋的扩张自南半球向赤道漂移,经加里东、海西和印支运动,在古生代板块构造旋回末期,中国大陆主体又联合在一起,并使欧亚大陆形成。

▲ 红土崖组含砾砂岩
▲ 红土崖组灰色含砾砂岩
▶ 断裂构造
▶ 褶皱构造
▶ 库沟化石长廊局部
▶ 规模宏大的化石群

据岩石成分、组合、颜色等可研究恢复古地理环境、恐龙生存环境。根据化石赋存层位的岩石岩性、砾石成分、粒径、分选性、磨圆度等对研究恐龙化石的赋存状态、搬运距离、形成状态等具有重要意义。

### 地质构造

地质构造对区内的地层分布、古地理、古环境、古生物的分布和演化等具有一定程度的控制作用，具有重要研究价值。根据构造体系，市境绝大部分处于新华夏系第二隆起带中的次一级构造单元胶南隆起北部和胶莱凹陷南缘的诸城凹陷盆地及柴沟－胶县断块突起中；而市境西部贾悦—孟疃一带则处于沂沭断裂带之中。区域构造较复杂，主要有褶皱构造和断裂构造。

褶皱构造可分为基底褶皱和盖层褶皱两种。其中基底褶皱发育在郝戈庄断裂以南的胶南群变质岩分布区，褶皱轴向大多为北东向。盖层褶皱发育在郝戈庄断裂以北的诸城凹陷盆地中，由中生代地层构成，具代表性的有由早白垩世莱阳群地层组成的常山南向斜、晚白垩纪王氏群地层组成的常山北向斜。

境内断裂构造发育，规模较大的有：北北东向断裂，自西向东为组成沂沭断裂带的安丘—莒县断裂、昌邑—大店断裂；东西向断裂有北解留—百尺河断裂和贾悦断裂。北西向断裂一般规模较小，发育在盆地内部。

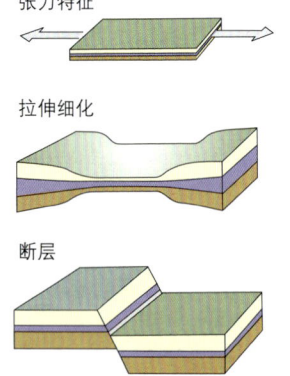
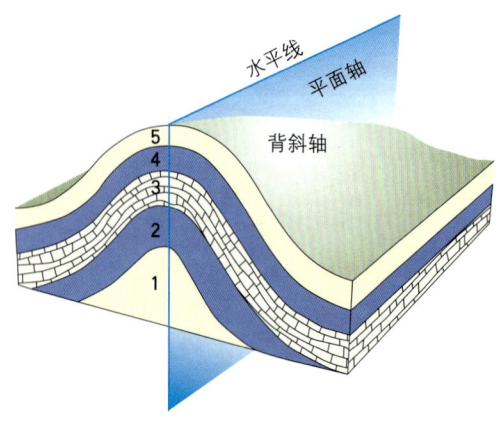

### 古生物学

山东诸城恐龙国家地质公园所在的胶莱盆地中生代地层中含有丰富的各类生物化石，半个多世纪以来，发现和研究的古生物门类有爬行类、鱼类、双壳类、腹足类、叶肢类、介形类、昆虫、植物、孢粉等。尤其是王氏群红土崖组中的鸭嘴龙类化石在划分地层中具有重要意义。

山东诸城恐龙国家地质公园内主要古生物化石为晚白垩世的鸭嘴龙类化石及其伴生的暴龙类、角龙类等化石。此外，有中华弓鳍鱼、球蚬组合带、延吉叶肢动物群、希指蕨孢、内环粉等，对研究古生态环境、古地理等具有重要意义。

恐龙曾统治地球长达1.6亿年之久，大约于6500万年前的中生代结束时，从地球上突然全部地消失了，恐龙生命戛然而止。恐龙从产生到繁盛、衰落、灭绝的整个演化过程充满着传奇和神秘色彩。恐龙化石是研究地球变迁史和生物演化史的珍贵实物材料，通过建立山东诸城恐龙国家地质公园对恐龙化石和产出地加以保护，必将为研究白垩纪晚期古地理、古气候、古生态、动植物进化增加一处新的理想场所，同时通过对恐龙化石及其产出地层层位的研究，可以破解大陆漂移中的一些疑点，复原大陆分离状况，探寻大陆生成的原因。因此，恐龙涧恐龙化石的研究对于追溯地质历史具有重大科研价值。

# 地质演化史

漫长的地质岁月，历经沧桑变化，各种地质现象记录了诸城地区错综复杂的地质构造历史，造就了诸城恐龙化石地质奇观。

诸城地区，太古代的地质发展史包括中太古代和新太古代两个不同时代、性质各异的地质事件。中太古代前，华北地区非均质的古陆核也已形成，进入中太古代以后，迁西运动使古陆核发生裂陷。鲁东地区栖霞一带已有沉积作用和岩浆侵入活动，之后岩浆侵入形成栖霞岩套。新太古代的阜平运动开始（27亿—28亿年）微板块扩张，接受沉积，形成胶东岩群。

进入古元古代（25亿年）之后，裂陷重新开始，海水入侵，形成荆山群、粉子山群地层；吕梁运动（22亿—20亿年）岩浆活动频繁；进入中生代以后的燕山期（2.05亿—1.4亿年），太平洋板块向大陆板块俯冲下切，胶莱拗陷形成雏形；燕山晚期（1.4亿—0.6亿年）：早白垩纪早期胶莱拗陷沉降，接受并沉积了莱阳群；早白垩世末期大规模火山活动开始，形成了青山群岩系；进入晚白垩纪形成了王氏群沉积，末期沉积盆地消亡。随燕山运动的减弱而结束了中生代历史；进入新生代，山东诸城恐龙国家地质公园区稳定抬升，遭受风化剥蚀。

公园在历次隆升剥蚀，沧海桑田的变化，造就了山东诸城恐龙国家地质公园奇特的地质、地貌和气候环境，决定了独特的生态和人文环境，区内极为丰富的以恐龙为主的爬行动物化石的广泛分布，都是地质历史发展变化的见证和

▼ 泛大陆

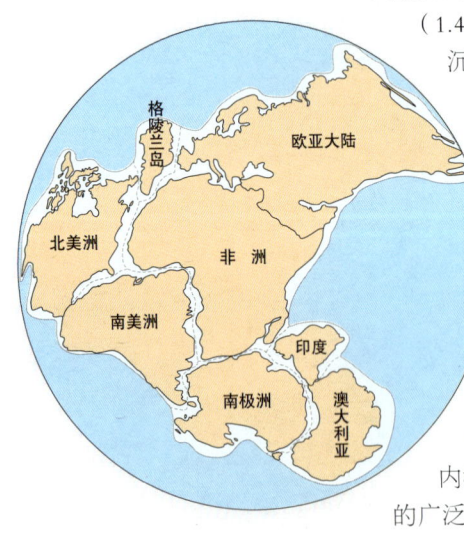

产物。

诸城地区在地球漫长的地质演化过程中,尤其值得一提的是中生代时期。7000万年前的中生代白垩纪晚期,地球上的联合古陆(泛大陆)正在分离中,大陆板块分裂、漂移还未最终定位,新海洋正在逐步扩张形成,整个白垩纪气候温暖湿润,植物繁茂,恐龙是当时这个世界的霸主。

约在1亿年前的中生代白垩纪,诸城是一个小型盆地。当时,盆地内地势平坦,气候温暖,雨水充沛,河流纵贯,遍布沼泽湖泊,茂草丛生,处于地壳运动平稳期。众多的湖泊沼泽为恐龙提供了舒适的生息环境,繁茂的裸子植物和丰富的水藻为恐龙提供了充足的食物,使恐龙这个大家族生机勃勃,兴旺发达。在白垩纪漫长的地质历史时期,这里的恐龙一代代繁衍生息,长久不衰。随着时间的推移和地壳的变化,至中生代末期,无数的恐龙被迅速埋藏于地层之中,经长期的各种地质作用,原来的恐龙遗体被一些矿物质所充填而石化,同时遗体中的不稳定成分相继挥发逸出,仅留下了碳质薄膜,结果虽然恐龙遗体的成分改变了,但它的结构、骨骼的形态没有改变,逐渐在地层里保存下来而变为化石。

## 知识链接

### 地质年代表

| 宙 | 代 | 纪 | 世 | 距今大约年代(百万年) | 主要生物进化 | | | |
|---|---|---|---|---|---|---|---|---|
| | | | | | 动物 | | 植物 | |
| 显生宙 | 新生代 | 第四纪 | 全新世 | —1— | 人类出现 | | 现代植物时代 | |
| | | | 更新世 | —2.5— | | | | |
| | | 新近纪 | 上新世 | —5— | | 古猿出现 | 被子植物时代 | 草原面积扩大 |
| | | | 中新世 | —24— | 哺乳动物时代 | | | 被子植物繁殖 |
| | | 古近纪 | 渐新世 | —37— | | 灵长类出现 | | |
| | | | 始新世 | —58— | | | | |
| | | | 古新世 | —65— | | | | |
| | 中生代 | 白垩纪 | | —137— | 爬行动物时代 | 鸟类出现 恐龙繁殖 恐龙、哺乳类出现 | 裸子植物时代 | 被子植物出现 裸子植物繁殖 |
| | | 侏罗纪 | | —203— | | | | |
| | | 三叠纪 | | —251— | | | | |
| | 古生代 | 二叠纪 | | —295— | 两栖动物时代 | 爬行类出现 两栖类繁殖 | 孢子植物时代 | 裸子植物出现 大规模森林出现 小型森林出现 |
| | | 石炭纪 | | —355— | | | | |
| | | 泥盆纪 | | —408— | | | | |
| | | | | —435— | | | | |
| | | 志留纪 | | —495— | 鱼类时代 | 陆生无脊椎动物发展和两栖类出现 | | |
| | | 奥陶纪 | | —540— | 海生无脊椎动物时代 | 带壳动物爆发 软躯体动物爆发 | | 陆生维管植物 |
| | | 寒武纪 | | —650— | | | | |
| 元古宙 | 新元古 | 震旦纪 | | —1000— —1800— | | | | |
| | 中元古 | | | —2500— | 低等无脊椎动物出现 | | 高级藻类出现 海生藻类出现 | |
| | 古元古 | | | —2800— | | | | |
| | | | | —3200— | | | | |
| 太古宙 | 新太古 | | | —3600— | | | | |
| | 中太古 | | | 4600 | 原核生物(细菌、蓝藻)出现 (原始生命蛋白质出现) | | | |
| | 古太古 | | | | | | | |
| | 始太古 | | | | | | | |

# 诸城地质遗迹类型及分布

地质遗迹是指在地球演化的漫长地质历史时期，由于内外动力的地质作用，形成、发展并遗留下来的珍贵的、不可再生的地质自然遗产。包括旅游中的山水名胜、自然风光等自然遗迹，也包括在晚近地质历史时期人类形成过程中，人类与地质体相互作用和人类开发利用地质环境、地质资源的遗迹以及地质灾害遗迹等。

山东诸城恐龙国家地质公园园区内地质遗迹丰富，类型多样，主要可划分为两大类，即地质剖面大类、古生物大类。此外，还有恐龙涧、臧家庄等地的地貌景观、水体景观等自然生态环境类地质遗迹。

▼ 诸城地质遗迹分布图

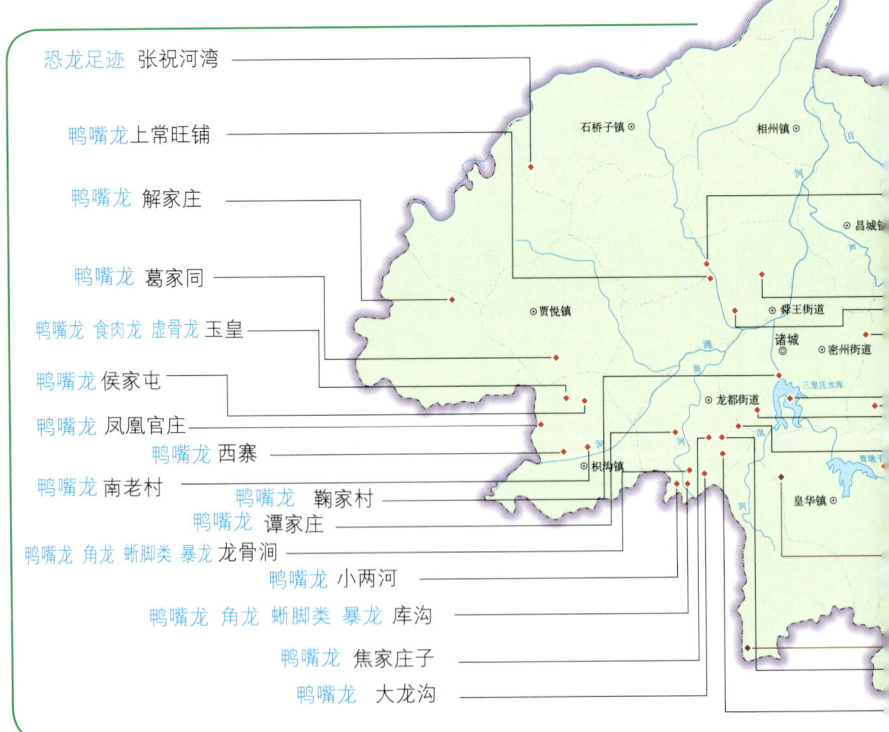

山东诸城恐龙国家地质公园中生代白垩纪莱阳群、青山群、大盛群、王氏群很发育,其中尤以王氏群红土层分布十分广泛。山东诸城恐龙国家地质公园所在的胶莱盆地白垩纪地层发育完整、露头良好,在地层古生物方面曾做过比较详细的调查研究工作,这一区域内发现了闻名世界、含量丰富的鸭嘴龙等脊椎动物化石群,成为我国白垩系地层代表剖面的典型地,并已向国际推荐作为非海相白垩系候选层型剖面。

山东诸城恐龙国家地质公园所在的胶莱盆地及沂沭断裂带地区中生代地层含有丰富的古生物化石。1964年10月至1968年5月,由北京地质博物馆等单位在恐龙涧发掘出土的"巨型山东龙"引起了全世界的关注,而1988年春的第二次发掘工作,又出土了比"巨型山东龙"体型更大的"巨大诸城龙"新属种,它是当时世界上已发掘装架起的体型最大的鸭嘴龙化石骨架,从而使诸城成为我国重要的以鸭嘴龙类为代表的晚白垩世恐龙化石产地。在地质公园的化石发掘中,还发现了暴龙牙齿及第四节跖骨,这是中国当时所发掘到的最大型食肉类恐龙化石。

始于2008年的第三次大规模化石挖掘工作,先后在恐龙涧、臧家庄等地发现大面积的恐龙化石,化石暴露区面积2万多平方米,化石数量1万5千多块,

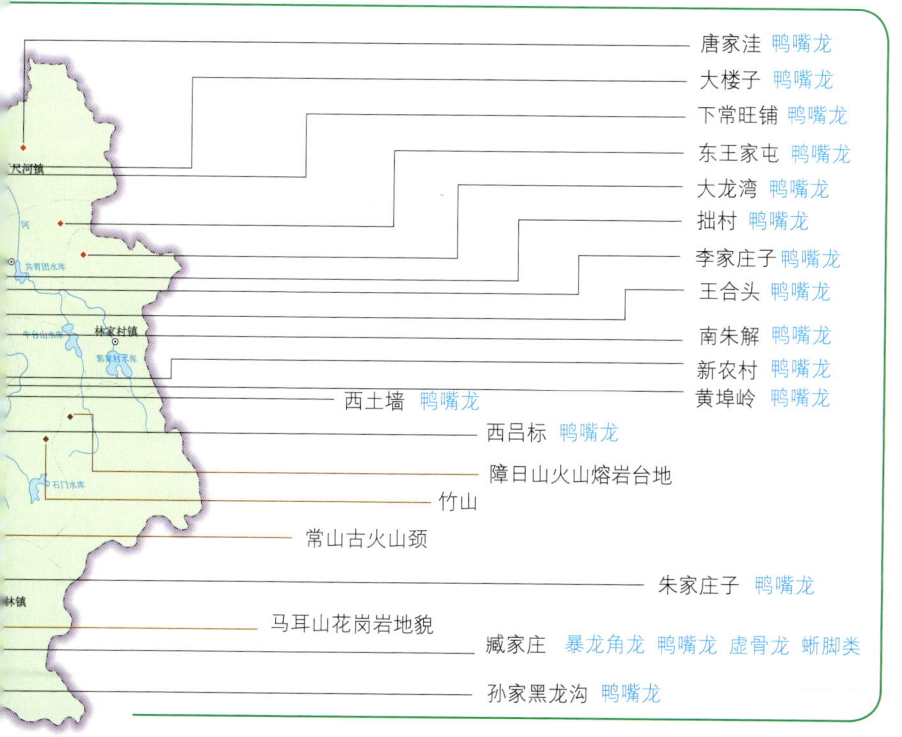

使诸城成为世界范围内发现暴露面积最大的恐龙化石群。在2008年的发掘工作中还意外地发现了完整的角龙化石骨架及大型角龙头骨化石,这一发现在亚洲地区尚属首例。

这些卓有成效的挖掘工作无疑对我国乃至世界范围内白垩纪地层和古生物的研究起到巨大的推进作用,对于进一步研究全球恐龙灭绝起到巨大的推进作用。

山东诸城恐龙国家地质公园的白垩纪全国性标准剖面地层发育完整、露头良好,在地层古生物方面曾做过详细的调查研究工作,发现了闻名世界、含量丰富的鸭嘴龙等脊椎动物化石群,成为我国白垩系代表剖面的典型地,并已向国际推荐作为非海相白垩系候选层型剖面。这一地层剖面是研究我国白垩纪古环境的重要资料,具有全球对比意义。诸城还发现了大量纳犸象化石、古菱齿象化石以及鱼类、双壳类、腹足类、叶肢类、介形类、昆虫、植物、孢粉等化石。这些化石极大地推动和丰富了地层古生物的研究,对于研究胶莱盆地的地质年代、白垩纪晚期古气候、古地理、古环境变迁、古生物进化、火山活动等地质内容提供了珍贵的实物材料,对于探讨恐龙灭绝的原因具有非常重要的意义。

▲ 诸城恐龙足迹群

# 人文历史

诸城历史沿革
文华之邦名人辈出
多彩的地方文化艺术

# 诸城历史沿革

地处黄河流域下游的诸城,新石器时代属高度发达的大汶口晚期文化和龙山诸城文化,大汶口文化与长江流域的河姆渡文化,共称中华文明的起源。而在其后的2000多年历史中,诸城沉淀出更加厚重的历史文化。

▼ 诸城夜色
▶ 诸城博物馆的镇馆之宝——战国时期铜制鹰首提梁壶

诸城历史悠久,新石器时代后期就有人类活动,属晚期大汶口文化和龙山文化。夏、商属介、莱活动区,《禹贡》青、徐二州之域。周属莒子国封地。诸城春秋时为鲁之诸邑。鲁庄公二十九年(前665)冬,鲁国在石屋山(今庙山)东北、潍河之南城诸,取名诸邑(故址在今枳沟镇乔庄)。战国时,市境分属齐、鲁。鲁顷公二十四年(前249),楚灭鲁,鲁地入楚,然境内除齐长城以南少数地区归楚外,余大部地区先已属齐。秦行郡县制,始皇二十六年(前221),置琅琊郡,市境属琅琊郡(郡治琅琊)。诸城置县始于西汉初年。汉高祖六年(前201),封郭蒙为东武侯。吕后七

年(前181),置东武县,因境内有东武山故名。同时,境内并置诸县、平昌县、横县、昌县、石泉县。元封五年(前106),琅琊郡移治东武,境内各县皆属琅琊郡,辖于徐州刺史部。新莽天凤元年(公元14年),改琅琊郡为填夷,东武为祥善,诸县为诸并,平昌为养信,横县为令邱。淮阳王更始元年(23)九月,王莽被杀,郡县恢复旧名。东汉建初五年(80),改琅琊郡为国,移治开阳(今临沂县北)。东武县、诸县属琅琊国,平昌县属北海国。撤横县、昌县、石泉县。三国曹魏,复改琅琊国为郡,新置城阳郡(治东武)、平昌郡(治昌安),东武县属城阳郡,诸县属琅琊郡,平昌县属平昌郡。平昌郡旋废,平昌县改属城阳郡。西晋泰始中(269-271),东武、诸、平昌三县俱属城阳郡(郡治迁莒)。太康十年(289),东武、诸县改属东莞郡(郡治东莞),辖于徐州。元康十年(300),废城阳郡,平昌县改属青州高密国。刘宋,分东武、平昌县属平昌郡,辖于青州,诸县属东莞郡,辖于徐州。北魏景明元年(500),置东武郡,治姑幕(今安丘石埠子村)。永安二年(529),分青州而置胶州,治东武,领东武、高密二郡,东武、平昌二县属高密郡(郡治高密)。同年,分东武县南境置扶淇县,属东武郡。

北齐,废东武郡,移高密郡治于东武。撤销诸县、平昌县、扶淇县,并入东武县。隋开皇三年(583),废高密郡。开皇五年(585),改胶州为密州,治东武。开皇十八年(598),改东武县为诸城县,取县西南三十里汉故诸县城为名,县属密州,仍为密州治。大业三年(607),改密州为高密郡,诸城属之,并为郡治。唐武德五年(622),改高密郡为密州;天宝元年(742),改密州为高密郡;乾元五年(758),复为密州。县因变随属,互为治所。五代天祐四年(907),县属后梁。龙德元年(921),改密州为胶源。龙德三年(923),后梁亡,县属后唐,复改胶源为密州。清泰三年（936）,后唐亡,县属后晋。开运三年（946）,后晋亡,县属后汉。乾祐四年（951）,后汉亡,县属后周。显德七年（960）,后周亡。五代十国历经53年,至此终止,诸城县始归于宋。宋太祖建隆元年（960）,以密州为防御州。开宝五年（972）春二月升密州为安化军节度,秋八月降为防御。开宝六年（973）,复为节度,隶京东东路。诸城皆属之并为治。金,诸城县属山东东路密州治。密州仍为安化军。元,诸城县仍为密州治,辖于山东东西道宣慰司益都路总管府。明洪武二年（1369）,省密州,即密州治为诸城县治,隶属青州府。清袭明制,诸城县仍属青州府。中华民国元年（1912）,诸城独立。民国二年（1913）,废府设道,诸城属胶东道。民国29年（1940）,裁胶东道,设莱潍道,诸城改属莱潍道,暂由沂州道管辖。至民国30年（1941）3月,始归莱潍道管辖。民国34年（1945）,诸城属山东省第十七行政督察区。1938年2月4日,日寇侵略诸城,市境沦为敌占区。

1943年7月下旬,诸城县抗日民主政府成立,属滨海专区滨北行署。此后,境内相继建立诸莒边县、诸胶边县、潍东县等抗日民主政权,均隶属于滨北行署。1945年9月9日,诸城县人民政府宣告成立,属滨海行政公署滨北专区。1946年7月,改属胶东行署滨北专区。中华人民共和国成立后,诸城县先属胶州专区,1956年3月,改属昌潍专区,1970年属昌潍地区,1981年7月属潍坊地区,1983年10月属潍坊市。1987年7月1日,撤销诸城县,建立诸城市。诸城市为县级市,直属山东省、潍坊市代管。

诸城土地肥沃,地处交通要冲,故为历代王朝筑城驻兵和封子弟、赏贵戚、赐爵封侯之地。境内故城林立,以诸为最早,曾为州、郡治的有琅琊、东武（诸城）,曾为侯国的有东武、昌县、平昌,其余各城皆为县治。现琅琊故城已划归胶南,梁乡已归日照。境内有地可考、有迹可查者有诸邑、娄乡、东武、昌县、平昌、石泉、密城。地址失考者有扶淇、防、兹、横县、海曲、曹等。

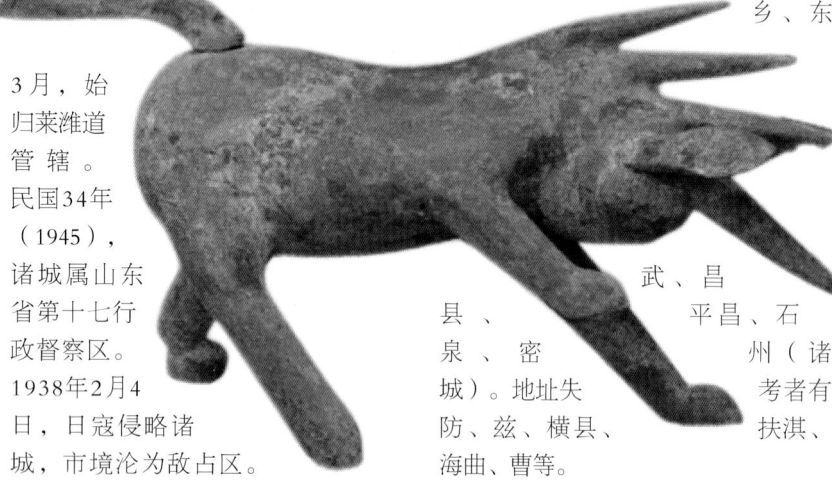

### 诸邑故城

位于枳沟镇乔庄村，北距潍河500米，南距庙山（古称石屋山）1000米。清乾隆《诸城县志》载："诸，鲁邑，汉即其地立诸县，至高齐废，省入东武，在今县西南三十里，石屋山北，亦呼季孙城"。《水经注》载："潍水又东北迳诸县故城西，春秋鲁文公十二年，季孙行父城诸及郓，传曰城其下邑也。王莽更名诸并矣"。北京大学出版的《中国古代史教学参考地图集》中写道："诸，商代诸侯国，今诸城县西南"。诸邑故城延续时间较长，自商代以来，就是山东半岛的一座名城重镇。

诸邑故城因多年耕作及潍河泛滥改道，地面建筑已无存。1980年，昌潍地区文物工作队普查故城，确定故城的范围，南北长2000米，东西宽1500米，总面积300万平方米。故城北部发现大量陶片堆积，皆为汉代遗物，在乔庄村北部曾有大量瓦片岭阜，疑是故城宫殿建筑区遗存。遗址东侧曾有一条水沟，相传为当年的护城河。

1977年，在故城遗址西南3华里处，庙山西侧，发现一座春秋墓葬，出土一批铜器，有鼎、壶、盘、敦及部分鬲、罐等，纹饰精美，造型厚重，系一贵族之墓陵。此墓当与诸邑故城有关。

### 东武故城

位于城东南古城子岭上，南临三里庄水库，西近扶淇河，东接平原，北临东关大街。《水经注》载："东武县因岗为城，城周三十里"。现普查为东西约3华里，南北约5华里，总面积为15平方千米。今古城子村坐落在故城中心部位。

故城遗迹、遗物十分丰富。南城墙残高1米左右，城东南角楼残高2米多（现夷为平地），东、西、北三面城墙亦有残迹可查，城呈曲尺状，东西长600米，南北宽550米，面积33万平方米。遗址及其周围多次出土圆形、半圆形瓦当、残石佛、石菩萨、汉铜鼎、铜釜、镰刀、镢、铜箭头、五铢铜钱、龟纽印章、泥封、成堆的鹿角锯断块等器物。

▲ 国家一级文物东汉铜獬豸，獬豸，是我国古代传说中的一种能断是非、别曲直的神兽

▲ 诸城出土的汉代壁画——酿酒图

瓦当上有莲花纹饰，刻有"千秋万岁"（篆体）字样；石佛雕刻精湛，形态逼真，有些还涂朱贴金。故城四周八华里范围内，汉代墓冢星罗棋布，已发现有20余座，近年来，在故城西杨家庄子发现的西汉早期墓葬，备有双棺双椁，出土40余件随葬品，其中有10余件精美漆器，还有一幅双龙三龟彩色板画，在本地区尚属首次发现。

### 密州故城

密州故城，即今诸城市城区。诸城县城（今以城区称）是一座古城，始建于东汉建初五年（公元80年）。时东武县治迁址，移岗下筑城为治，后人谓之南城。县城座落潍河南岸，东依东武山，西偎扶淇水，南望常山，东北连潍河平原。是全市政治、经济、文化中心和交通枢纽。

北魏永安二年（529），衔筑北城以为胶州治所。两城合一，中券一门，谓之双门，为南北城之交。隋开皇五年（585），废胶州，置密州，即胶州治为密州治。开皇十八年（598），改东武为诸城，即东武治为诸城县治。城因古诸（邑、县）而名，县因城为名。明洪武二年（1369），废密州，即密州治为诸城县治。洪武四年（1371），置诸城守御千户所，守御千户伏彪大事修城，合南北城为一，改双门为钟楼，筑左右城垣，加固城池。后历代皆有修筑。时县城呈"凸"字形，"城周九里三十步，高二丈七尺，池深丈有五尺，广倍之。门五，南曰永安，东南曰镇海，西南曰政清，西北曰西宁，东北曰东武。门各有楼。"（清咸丰《青州府志》卷二十五）县城面积为1.065平方公里。城内街道呈"干"字状，楼、阁、亭、台、寺庙、祭坛、牌坊等名胜古迹颇多，后因历经战乱破坏，现已所剩无几，县城旧貌亦不复见。

### 平昌故城

今石桥子镇都吉台村坐落在故城之上。故城北临涓河，东靠荆河，东西长900米，南北宽1000米，总面积90万平方米。

▲ 被誉为"中华第一笑佛"的北魏石雕丈八佛像

▶ 今日诸城一景

平昌故城遗迹遗物极为丰富，东南侧有"龙台"，又称"斗鸡台"。遗址下层为龙山文化，出土文物有黑陶盉、陶纺轮、石斧、石凿等；台北侧为西周及春秋时的墓葬群，出土文物有早期铜鼎、尊、爵、鬲、匜、编钟、壶、车马器等器物及大批陶器；台西南侧为春秋墓葬群，出土了铸有20多个铭文的大铜盘及精美的象牙雕刻艺术品；村西北隆起高地，有大量的陶器瓦片，素面半圆形瓦当及卷云汉瓦片等，并有石半两钱范和残存的铜块。此外，在村西平地出土了汉代铜器行灯、薰炉及五铢钱，还有部分金环饰物。故城四周封土高大的古冢甚多，大都为汉代平昌故城权贵的墓葬。故城延续时间较长，经济较为繁荣，是一处人口较密集的早期重要城镇。

## 昌县故城

位于今昌城镇昌城村。故城东临三里庄水库干渠，北靠大路，昌城中学位于故城北部，南部和西部分别压于昌城村和邱家庄子村之下。东西长1200米，南北宽1000米，总面积120万平方米。

故城遗址及其周围地带多次发现遗迹遗物。出土文物有"树木双兽"纹饰半圆瓦当、"千秋万岁"圆形瓦当、大量绳纹陶鬲足、石镰、石凿、石镞、大口尊、"齐法化"刀币等。1979年，在故城遗址北部出土了23页铜质钱范，其中背面范1页，正面范22页。钱范形制相同，每页有"五铢"钱型12枚，钱文"五铢"二字，具有早期钱的特征。五铢铜钱范一次出土如此之多，在国内尚属罕见。

# 文化之邦
# 名人辈出

诸城名人辈出，古有春秋七十二贤士之一、孔子的学生公冶长，《清明上河图》的作者、宋代宫廷画家张择端，北宋金石学家赵明诚，清代名臣刘墉，《四库全书》总阅窦光鼐等名士重臣；近有中国共产党的"一大"代表王尽美，一代诗翁臧克家，文学巨匠王统照、陶钝、王愿坚名垂青史。

▼ 大舜铜像
▶ 姚姓先祖——大舜像
▶ 舜庙角楼

### 舜和大舜文化

我国古代有三皇五帝之说，"三皇"是指伏羲、燧人、神农，"五帝"是指黄帝、颛顼、帝喾、唐尧、虞舜。舜，是中国传说历史中的人物，是五帝之一，名重华。舜为四部落联盟首领，都城在蒲阪（今山西永济）。以受尧的"禅让"而称帝于天下，其国号为"有虞"，故号为"有虞氏帝舜"。帝舜、大舜、虞帝舜、舜帝皆虞舜之帝王号，故后世以舜简称。

按照《史记》所载传说，舜摄政28年，尧才去世。舜于三年的丧事完毕之后，便让位给尧的儿子丹朱，自己退避到南河之南。但是，天下诸侯都去朝见舜，却不理会丹朱；打官司的人也都告状到舜那里，民间编了许多歌谣颂扬舜，都不把丹朱放在眼里。舜觉得人心所向，天意所归，无法推卸，遂回到都城登上天子之位。

舜文化以道德文化为主要内容，远在它形成的虞舜时期显现出了它强有力的凝聚力，主要体现在家庭群体凝聚力、社会群体凝聚力和民族凝聚力。家庭是社会的细胞，也是社会的基本群体。舜文化推行的"孝敬父母、友爱兄弟、家庭和美"实现了家庭群体的凝聚。对家庭的凝聚，是通过舜

帝身体力行"忍辱负重"、"以德报怨"来实现的。舜在登上联盟主的位置后,在全部落联盟推行"父义、母慈、兄友、弟恭、子孝"的教化,使之成为全部落联盟家庭群体的凝聚力。《五帝本纪》记载"舜所居,一年成聚,二年成邑,三年成都"。通过这段文字,我们看到了舜的社会凝聚力。那么,他是通过什么来形成这种凝聚力的呢?他是通过"耕历山,历山之人皆让畔,渔雷泽,雷泽上人皆让居,陶河滨,河滨器皆不苦窳"一系列以身示范"谦让"、"助人为乐"、"诚实守信"的道德感化来形成的。《五帝本纪》载"四海之内,咸戴帝舜之功。"这里的四海,据《尔雅》的解释为四方不同民族的部落。中华民族本身是由众多的民族组成的,由于舜帝推行的道德教化,形成了空前的民族团结,这就是舜文化的民族凝聚力。正是由于舜文化的凝聚力,虞舜时期,农业、手工业经济,以及音乐、艺术都得到了空前的发展,创造了前所未有的社会稳定,人民乐业的社会生活局面,这就是被后人视为理想的

"舜日尧天"时期。

### 公冶长

公冶长（前520—前470），复姓公冶，名长，字子长，春秋时鲁国人，世居诸邑公冶场村（今诸城市贾悦镇近贤村）。

公冶长幼年家贫，务农为主，自幼俭朴好学，攻读经书，锲而不舍，为人称道。成年后，慕孔子之名，徒步跋涉去鲁都曲阜，拜孔子为师，勤奋攻读，呕心沥血，终于业成，博通六艺，成为孔子七十二高足之一，名列第二十位。

### 苏轼与诸城

苏轼（1037—1101），北宋文学家、书画家。字子瞻，又字和仲，又称大苏，号东坡居士。眉州眉山（今属四川）人。与父苏洵，弟苏辙合称三苏。他在文学艺术方面堪称全才。其文汪洋恣肆，明白畅达，与欧阳修并称欧苏，为唐宋八大家之一；诗清新豪健，善用夸张比喻，在艺术表现方面独具风格，与黄庭坚并称苏黄；词开豪放一派，对后代很有影响，与辛弃疾并称苏辛；书法擅长行书、楷书，能自创新意，用笔丰腴跌宕，有天真烂漫之趣，与黄庭坚、米芾、蔡襄并称宋四家；画学文同，喜作枯木怪石，论画主张神似。著有《苏东坡全集》和《东坡乐府》等。

苏轼在密州虽然只有短短两年时间，但他在这里的治绩有口皆碑，写下的作品千古传颂。可以说，密州的历史文化、山水名胜、民俗风情等，对苏轼的政绩、思想、创作等都具有一定的促成之功，而苏轼对密州文化的影响则更为深远和永恒。在密州期间，苏轼创作了诗歌126首，词18首，文59篇，共计203篇，平均每三天即有一篇作品问世，密州两年间，是他文学创作的转型期、成熟期和辉煌期。离开密州后，他又写下了有关密州的作品27篇。累计230篇。在苏轼的四首代表词作中，悼亡词、中秋词、出猎词均创作于诸城，这是诸城的骄傲。

▲ 舜帝感动天地图
▲ 公冶长画像
▼ 苏轼画像
▶ 张择端像
▶ 《金明池夺标图》
▶ 《清明上河图》局部

## 张择端

张择端（1085—1145），字正道。琅琊东武（今山东诸城）人。北宋著名画家。张择端自幼好学，早年游学汴京（今河南开封），后习绘画。宋徽宗时供职翰林图画院，专工界画宫室，尤擅绘舟车、市肆、桥梁、街道、城郭。张择端是北宋末年杰出的现实主义画家，其作品大都失传，存世《清明上河图》、《金明池争标图》，为我国古代的艺术珍品。这两件作品现存北京故宫博物院。

《清明上河图》本是进献给宋徽宗的贡品，流传至今已有800多年的历史。作品采用现实主义手法、全景式构图，气势恢弘，长528.7厘米、宽24.8厘米，画有587个不同身份的人物，个个形神兼备，并画有13种动物、9种植物，其态无不惟妙惟肖，各种牲畜共56匹，不同车轿二十余辆，大小船只20

余艘。《清明上河图》是《东京梦华录》、《圣畿赋》、《汴都赋》等著作的最佳图解,具有极大的考史价值,不只继承发展了久已失传的中国古代风俗画,尤其继承了北宋前期历史风俗画的优良传统。

### 樊崇

樊崇(？—27),字细君,琅琊(今诸城)人。西汉末年农民起军领袖。公元25年,樊崇将赤眉军与王匡领导的湖北绿林军联合,亲自指挥大军打进长安,立西汉宗室牛童刘盆子为皇帝,自任御史大夫。公元27年在赤眉军进击关中时,被刘秀伏击于宜阳,义军惨遭失败,樊崇壮烈牺牲。

### 伏无忌

伏氏为诸城巨族,世传儒学,曾显达于两汉,被称为"伏氏学"。伏无忌博学多识,继承家业,传习儒业。永和元年(公元136年)与议郎黄景校定《中书五经》、《诸子百家》;元嘉年间(151-152年),无忌又受诏与黄景共撰《汉记》。

### 赵明诚

赵明诚(1081-1129),字德甫,原诸城城关镇兰家村人。

赵明诚是我国历史上著名的金石学家,著有《金石录》。21岁那年,赵明诚与宋朝著名女词人李清照喜结伉俪。

### 刘统勋

刘统勋(1698-1773)字延清,号尔钝,原诸城县逄戈庄人。官至清内阁大学士,刑部尚书,名臣刘墉之父。

刘统勋一生为官、清正廉洁、秉公无私。他为官数十年,做的几乎都是京官、累主会试及顺天乡试。门下宾友从无一人因缘得利。刘统勋神敏刚劲,终身不失其正。1773年任《四库全书》总裁。

### 刘墉

刘墉(1719-1804),字崇如,号石庵,大学士刘统勋之子,家喻户晓的

"宰相刘罗锅"。刘墉博通百家经史，精研古文考辩，文章书法在清代皆享盛名。刘墉的传说颇多，大都是歌颂他精明强干，足智多谋。

### 窦光鼐

窦光鼐（1720-1795），字无调，号东皋，原诸城市箭口乡郭家埠人。

窦光鼐博学多才，精通经史，诗赋尤佳，他与纪昀、朱圭、翁方纲主持文运30年，极有造诣。著有《省吾斋诗稿》、《省吾斋文集》等传世。

### 王统照

王统照（1897-1957），字剑三，诸城相州镇相州村人。王统照是五四新文学运动中涌现出来的著名作家，工诗善文，一生笔耕不辍，出版著述、翻译作品近百种。

### 王尽美

王尽美（1898-1925），原名王瑞俊，字灼斋，诸城市枳沟镇大北杏村人。中国共产党的创始人之一，山东省共产组织最早的组织者和领导者。

### 陶钝

陶钝（1901-1996），原名徐宝梯，字步云，诸城市昌城镇徐家河岔村人，曲艺研究家、作家。

### 臧克家

臧克家（1905-2004），原诸城吕标镇臧家庄人。臧克家是中国当代著名诗人、作家。纪念鲁迅逝世13周年而作的《有的人》被世人熟知。

### 王愿坚

王愿坚（1929-1991），诸城市相州镇相州村人。王愿坚的成名作和代表作是《党费》、《七根火柴》多次被选入中学语文课本，影响深远。

### 崔嵬

崔嵬（1912-1979），原名景文，诸城市昌城镇王家巴山村人。中国著名的电影演员、导演。先后主演了《海魂》、《老兵新传》、《红旗谱》等影片。导演了《青春之歌》、《小兵张嘎》、《北大荒人》、《天山上的红花》等脍炙人口的影片。

◀ 刘统勋像
◀ 刘墉像
▲ 王统照像
▲ 王尽美像
▲ 陶钝像

# 多彩的地方文化艺术

诸城地方文艺丰富多彩，群众喜闻乐见。茂腔距今已有200年历史，目前有140多个剧目，被誉为"胶东之花"，山东诸城派古琴是全国著名古琴流派，风格别致，独有曲操，闻名琴坛。诸城大鼓由东口大鼓演变而来，清新豪放，刚柔并济……

### 茂腔

茂腔是产生于诸城一带及周围邻县的地方剧种。其唱词通俗易懂，曲调质朴，哀怨动人，且生活气息浓郁，故深受当地群众喜爱，尤能引起妇女们的共鸣。茂腔的前身被称作"周姑子"（一名"肘鼓子"），是由周姑子声腔逐步衍变而来。其间又经历了由"本周姑"到"冒周姑"、"茂腔"三个阶段。

本周姑约160年前，诸城乡村流行一种"周姑子"腔调，当地群众称"本周姑"。"本"字是指本地而有别于其他地区而言。本周姑的剧目以反映男女爱情、家庭伦理道德为主，多半为生活片断小戏，如《双生赶船》、《穷吵年》、《小五台》等。唱词、念白取当地方言俗语，男女唱腔还没有明显的区分。主要特征为旋律简易，节奏平稳，结构只有两个平行乐句。其唱词为分节式的民歌形式，多数为七字句式，上下句结尾处又以"噢嗬罕"三字耍腔，形成了鲜明的特点。因此，群众又称本周姑为"噢嗬罕"调。本周姑伴奏以锣鼓助腔，不托管弦。化妆演出也较为简陋，以"打地摊"为主，表演近似生活化。

20世纪20年代前后，"冒周姑"戏班开始由乡村进入大城市演出。二嫚和她的大女儿王彩云曾先后去青岛搭棚，有的"冒周姑"艺人还去烟台、大连、抚顺、营口、长春、沈阳、牡丹江等地巡回演

▶ 茂腔《梁山伯与祝英台》剧照

出。他们在与京剧、梆子同台演出中，吸收其营养，使"冒周姑"日臻成熟。

"冒周姑"老艺人知名者，除丁氏家族外，还有赵景坤、于瑞亭、李元林、李凤山、张顺来、赵桂林、范宝红等。其中不少艺人与丁家搭过班，而他们的后辈有的成为一代名演员。

建国前，"冒周姑"逐渐减少了句尾翻高的唱法，加之各地职业剧团的相继建立，为谐其原音，取茂盛之意，"冒周姑"随改名为"茂腔"。建国后，为贯彻"百花齐放，推陈出新"的方针，茂腔各剧团开展"改人、改制、改戏"工作，认真排演了优秀传统剧目。50年代初，《锦香亭》、《罗衫记》，分别参加华东及山东省戏曲观摩演出大会，并获演员、导演奖。其间，上演了《王贵与李香香》、《李二嫂改嫁》、《卫国保家》、《白毛女》、《三世仇》、《春风化雨》、《朝阳沟》、《红灯记》等一批新题材、新内容的剧目。促进了唱腔音乐的革新和表演艺术的提高，使茂腔剧种有了新的发展变化，其特点为舞台上确立了正面人物的音乐形象；舞台演出增添了多彩的灯光布景；乐队伴奏增加了三弦、扬琴、笛子、笙、二胡、中胡、低胡、大提琴等，加强了音乐效果；剧团配备了编剧、舞美、音乐设计人员，整个舞台艺术趋向专业化。同时，也造就了新的

一代表演艺术人才,至60年代初,丁氏家族中又出现了第四代著名旦角演员王仙梅,享名一时。

### 诸城古琴

诸城古琴被称为"山东诸城派",是全国有影响的古琴流派,形成于19世纪中叶。它以风格别致、独有曲操,闻名于齐鲁琴坛、大江南北。早在19世纪前半期,诸城有两位影响较大的古琴家,一名王既甫,一名王冷泉。王既甫学宗虞山派,王冷泉师承金陵派。二家虽年龄相仿,但非师承一家。所弹之曲除《长门怨》外,余韵不尽相同,前者源于《桐荫山馆琴谱》,后者出于《五知斋琴谱》。

王既甫和王冷泉在教学过程中,逐渐形成两个不同的传授系统。到19世纪后半期,王既甫的儿子王心源的琴艺,大大超过其父,成为出色的古琴家。当时在齐鲁琴坛上,与王冷泉并称"诸城二王"。

20世纪初,诸城古琴派又出现了王心源的学生、杰出的古琴家王心葵。于是,古琴又有"诸城三王"(或称"琅邪三王")之说。经半个世纪的琴学活动,两个传授系统中都有了大量的传人,诸城琴派的独特风格、曲操业已形成。

在王心葵的演奏和教学中,开始体现了两个传授系统"合流"的趋向。此期间,学琴、造琴及琴人雅集蔚成风气,为诸城琴派兴旺发达的阶段。

清宣统三年(1911),王冷泉的学

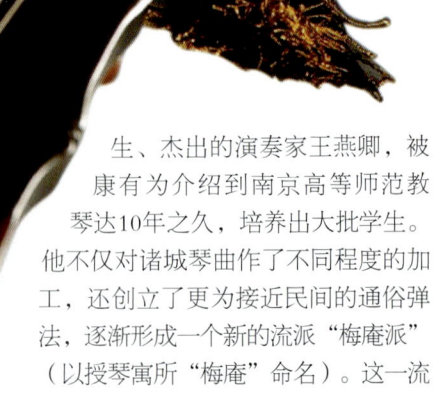

生、杰出的演奏家王燕卿,被康有为介绍到南京高等师范教琴达10年之久,培养出大批学生。他不仅对诸城琴曲作了不同程度的加工,还创立了更为接近民间的通俗弹法,逐渐形成一个新的流派"梅庵派"(以授琴寓所"梅庵"命名)。这一流派实际上乃是诸城琴派的一个支流。但它在全国的影响，却远远超过了诸城琴派的本身。

民国8年（1919），古琴家王心葵在章太炎的推荐下，由北京大学校长蔡元培请去担任北大古乐导师。在北大任教期间，培养了一批优秀琴人，并辑订过部分古琴谱。

随着王燕卿的南行和王心葵的北去，为我国古琴教学进入近现代高等学府开了先河。自此，诸城古琴开始流向全国。它的独有曲操《秋风词》、《关山月》、《长门怨》风行全国，各派琴人都喜爱弹奏，并被多次刊印。诸城古琴的立调体系采取以三弦为宫而以律吕命调之法。三弦为宫的调子叫黄钟调，一弦为宫的调子叫林钟调，二弦为宫的调子叫无射调，四弦为宫的调子叫太簇调，五弦为宫的调子叫仲吕调。其艺术风格为含蓄性与概括性大，重内在，不务外表华丽。这与演奏家深厚的古典文学修养和高雅的审美情趣有关。

现存诸城古琴琴谱有《琴谱正律》、《桐荫山馆琴谱》、《玉鹤轩琴谱》、《梅庵琴谱》。

### 诸城大鼓

诸城大鼓是流行于诸城及周边地区的一种民间曲艺形式，它产生于唐，形成于宋。当时，诸城市百尺河镇白龙山成为当地佛教、道教中心，七行八作、三教九流常汇聚于此，讲故事、哼民曲、耍杂耍的比比皆是，受宋代说唱"鼓子词"影响，民曲民调说唱采用了木鱼、敲钟的佛具边敲边说唱，产生了最初的曲艺形式——大鼓，后来逐步发展成说、唱、演、表融为一体的民间文艺形式——诸城大鼓。

早期诸城大鼓常见的说唱形式有集市说书、炕头说书、街头说书、舞台说书等，它产生于民间，具有浓郁的地方风情，说唱灵活多样，鼓词创作及时，宣传快捷，演、唱、评、表为一体，生动活泼、声情并茂，深受群众所喜爱。现在，诸城大鼓的说唱人员主要集中在百尺河镇，他们演出的诸城

◀ 诸城古琴

▲ 诸城大鼓

大鼓节目多次获奖并参加过全市春节晚会的演出，曾由中央电视台录制电视节目《诸城大鼓及其传人》向全国播放。

诸城大鼓这一地方曲艺形式，延续数百年。具有较强的艺术感染力，对民间道德具有潜移默化的教化作用。2006年11月，该项目被推荐申报第一批省级非物质文化遗产保护项目。

# 旅游诸城

中国龙城，恐龙探秘之旅
舜帝故里，中国优秀旅游城市

# 中国龙城，恐龙探秘之旅

"中国龙城"诸城，恐龙化石资源蕴藏丰富，已发现的恐龙化石点30多处，其中以恐龙涧最为著名，曾先后出土"巨型山东龙"及"巨大诸城龙"（世界上最大的鸭嘴龙化石骨架）等十几具恐龙化石骨架。恐龙涧因化石储量丰富，种类齐全、保存完好，被中外专家誉为"世界恐龙化石宝库"。

▲ 规模宏伟、举世罕见的恐龙化石群
▶ 诸城市恐龙化石遗迹主要出土地
▶ 恐龙涧密集分布的恐龙骨骼化石

诸城地处于诸莱盆地南部的断陷盆地，该盆地形成于中生代白垩纪，构造变形复杂，地质地层发育齐全，盆地凹陷长期连续沉积，为形成恐龙化石创造了条件。山东诸城恐龙国家地质公园处于低山丘陵区向平原过渡处，周围地势较平坦，海拔标高一般在70~100米之间。公园南部为起伏较大的低山丘陵区，北部为潍河冲洪积平原地貌，地质公园区

为剥蚀缓丘地貌。自20世纪60年代以来,诸城先后发现了库沟、掘村、玉皇、臧家庄、侯家屯、薛家庄、焦家庄等30多个恐龙化石埋藏点,埋藏区域1600多平方千米。经过三次有规模的发掘,共发现恐龙化石1万5000多块。

### 恐龙集会世界——山东诸城恐龙国家地质公园

山东诸城恐龙国家地质公园距诸城市区7公里,有着"天下第一涧"美誉的恐龙涧,坐落于诸城恐龙国家地质公园。其中,恐龙化石长廊,是迄今为止世界规模最大的恐龙化石群遗迹。化石长廊东西绵延约500米,呈45°斜坡分布,均深约30米,产出化石近万块,发现角龙、甲龙等恐龙新属种达10个,该遗迹被联合国教科文组织世界地质公

园执行局专家组证实是世界上规模最大的恐龙化石群,是举世罕见的世界地质奇观。

恐龙涧在龙都街道库沟村北不到一里的北小岭下,西靠涓河,东接泉子沟,北侧系丘岭沟涧,当地人俗称龙骨涧,是一条位于潍河支流——涓河东岸的东西向自然冲沟。恐龙涧植被茂密,苍郁葱茏,以其特有的清雅灵秀之姿、丰富的地质遗迹而驰名中外。恐龙涧化石点是一处由多个化石密集区构成的化石集群。恐龙涧发现的恐龙化石属种主要为鸭嘴龙,还有纤角龙等;"意外诸城角龙"为新属种,意外诸城角龙的发现颠覆了"纤角龙科是比角龙科更为原始的种群"这一传统观念。专家考证,这些恐龙化石群形成于约7000万年前,属中生代白垩纪晚期,化石的典型性、稀有性和代表性突出,具有重要的科研价值。

恐龙涧化石隆起带,长约300米,宽20余米,共出土恐龙骨骼化石1000多块,含有巨大诸城龙、巨型山东龙等骨骼化石。巨大诸城龙获得吉尼斯世界纪录,被中外专家们称为"世界龙王"。2011年,诸城市恐龙文化研究中心工作人员在山东诸城恐龙国家地质公园内填沟修路时,意外发现一块长4.6米、宽3.3米,重逾30吨,镶满恐龙身体各个部位化石的砾岩,被形象地称为"龙立方"。专家已从"龙

◀ 诸城中国角龙骨架标本
◀ 诸城鸭嘴龙复原图
◀ 中生代蕨类、苏铁类植物茂盛,为大型植食类恐龙生存提供了条件
▽ 龙立方

立方"中清晰分辨出恐龙的肋骨、脊椎骨、肩胛骨、尾椎骨等骨骼化石,各个部位相互交错、叠压,不规则地镶嵌其中。更为珍贵的是,工作人员还罕见地发现了恐龙的头骨化石。专家表示,相对于恐龙身体其他部位,头骨极不易保存,发现如此完整的恐龙头骨化石十分难得。专家初步推断,这可能是一具较为完整的鸭嘴龙化石骨

▲ 恐龙博物馆
▼ 恐龙博物馆神妙龙骨
▶ 皇龙沟恐龙足迹化石群

架,说明当时诸城恐龙化石的保存具有各种不同的形式,带来不同的讯息,这为科学界研究鸭嘴龙的各个骨架之间确切的比例关系和精确的复原,提供了非常珍贵非常重要的信息。

从"龙立方"的埋藏情况来看,恐龙在死亡后受到河流冲刷、搬运,被冲到河谷的低洼漩涡处被泥沙迅速掩埋,此后未受地质运动等外力作用的破坏。如此完好的恐龙化石为晚白垩世诸城地区大规模恐龙群繁衍生息提供了有力的佐证。

目前,诸城市恐龙文化研究中心的研究人员已制定了缜密的保护方案,并会同中国科学院、中国地质科学院的古生物专家共同对其进行系统的科学研究,以期破解恐龙灭亡之谜。

世界龙王展馆——诸城恐龙博物馆

诸城恐龙博物馆坐落于景色秀丽的恐龙公园内,国家4A级旅游景区,是一座集收藏、陈列、研究恐龙和其他古生物为一体的专题博物馆。世界吉尼斯纪录保持者——"巨大诸城龙",展列于诸城恐龙博物馆,被誉为"世界龙王"。

展馆分为鸭嘴龙厅、神妙龙骨厅、古生物珍品厅、科普体验厅、模拟仿真厅和环幕电影厅。除"世界第一龙"外,诸城恐龙博物馆还展示有世界上最大的暴龙化石骨架和恐龙骨骼、恐龙蛋、剑齿虎化石等。珍藏于神妙龙骨厅的巨大恐龙股骨化石被誉为"华夏第一奇骨",民间一直流传有"看看巨龙、心想事成;摸摸龙骨、安康幸福"的说法。诸城恐龙博物馆先后接待了30多位党和国家领导人、众多的社会知名人士和数以百万的中外游客,成为展示诸城恐龙文化的重要窗口、诸城"恐龙之旅"的必游之地。

恐龙格斗世界——诸城中国暴龙馆

诸城中国暴龙馆位于诸城市龙都街办臧家庄村(臧克家故居),距市区约6千米。2008年以来,先后在此出土大量恐龙化石,其化石储藏数量之大、品种之多、储存层之厚,世所罕见。诸城中国暴龙馆的外形设计为恐龙蛋壳形状,采取多种方式进行展示,包括:地层立体展示、恐龙化石平面展示、地下化石层隧道展示等。诸城中国暴龙馆拥有独具魅力的"化石层叠区",化石层分布达7层以上,暴露出的2000多块化石高低错落,层层叠叠,蔚为壮观,鸭嘴龙、角龙、甲龙叠压的地方发现了完整的暴龙骨骼化石,显示出暴龙与群龙厮杀的惨烈搏斗遗迹,这是中国首次发现的最大暴龙遗迹,被专家形象地称为"恐龙格斗世界"。

恐龙舞蹈世界——皇龙沟恐龙足迹群

2009年10月,在皇华镇大山社区的一个叫皇龙沟的冲沟内,发现了一处规模庞大的恐龙足迹群。经过后期的进一步挖掘整理,地质古生物学家在面积5000多平方米的区域发现恐龙足迹化石11000多枚。含有蜥脚类、兽脚类多个恐龙属种足迹。足迹种类多、分布广、

数量大、保存好,是目前世界上规模最大的恐龙足迹化石群。

皇龙沟西面是当地人称为"北岭"的小丘陵,东接横贯皇华镇的倒漾河,全长1500米左右,世界罕见的地质奇观就在这里静静地等待了亿万年。据当地村民介绍,多年前就在皇龙沟发现了这些奇怪的足迹,不过他们并不知道这是恐龙脚印,而称之为"天鹅爪"。一次诸城市恐龙资源普查让人们终于揭开了它的神秘面纱。

恐龙足迹分布在一处陡坡上,整个陡坡由坚硬的沉积灰页岩构成,形态各异、大小不一的各种恐龙足迹呈多层分布在陡坡的岩层中。据专家介绍,这个足迹群形成于距今1亿多年前的白垩纪早期,依据岩层上留存的大量水波痕遗迹推断,当时这里是一处几近干涸的河床地带,成群结队的恐龙从松软的河床上经过,留下了形态各异的足迹,随着雨季的到来,新的沉积物将这些脚印一层一层地覆盖起来,经过亿万年的沉积,最终形成了展现在世人面前的恐龙足迹化石群。其中,较小的鸟脚类恐龙足迹只有10厘米左右,较大的兽脚类恐龙足迹长40厘米左右,大型蜥脚类恐龙足迹直径达到80厘米以上。在皇龙沟恐龙足迹化石群还发现了一组兽脚类恐龙足迹新属种——"东方强壮百合"(Corpulentapus lilasia),由国际最权威的恐龙足迹专家科罗拉多大学丹佛分校Martin·Lockley教授、中国地质调查局青岛海洋地质研究所的李日辉研究员、日本云艺大学的松田正树教授等命名,Corpulentapus lilasia属于兽脚类足迹,强壮三趾呈现明显的百合花状。典型的三趾宽且十分强壮，并且三趾没有被趾跟轴分开。

恐龙足迹学作为恐龙研究的一个新分支，有着恐龙骨骼化石无法替代的作用，从脚印的大小、形态、长度及深度，可以推断出恐龙的身高、体重、速度等重要信息，反映出恐龙的生活习性和行为方式，解释恐龙与其所处环境的关系等等。蜥脚类恐龙曾经是地球上最大的动物，世界上目前发现的所有恐龙化石和现生动物，没有一种能超过它们。这类恐龙拥有100多种，属于植食类四足恐龙，长着小小的脑袋，长脖子，庞大的身体，四肢粗壮，尾巴硕长。在进化过程中分化出各种各样的形态，如峨眉龙进化出尾锤，梁龙长出鞭形的长尾，阿马加龙的脖子上长着两排鬃形长棘。此前在诸城还未发现过蜥脚类恐龙，科学家从皇龙沟发现的大得异乎

◀ 岩层上的水波痕遗迹
▲ 东方强壮百合足迹
▼ 大型蜥脚类恐龙足迹

▼ 巨型山东龙骨架标本
▶ 巨型山东龙骨架结构示意图

寻常的蜥脚类恐龙足迹来分析，诸城蜥脚类恐龙比其他蜥脚类恐龙大得多，可能是巨龙类恐龙，它们是蜥脚类恐龙的末代，不但更加强壮，而且有的还披着一身骨质甲板。足迹化石显示，诸城的蜥脚类恐龙臀超过2米，体长约10米，体态笨拙，行走缓慢，估算行进速度为每小时2.63千米。

皇龙沟大规模恐龙足迹化石群的发现，对系统研究白垩纪时期诸城恐龙的分布、迁徙和生活习惯、行走方式，以及古地理、古环境的变迁，都具有极其重要的科研价值。

### 中国地质博物馆馆藏巨型山东龙

1964年，原地质部石油局综合研究队在诸城市库沟村北部的恐龙涧采集到一些脊椎动物骨骼化石，原地质部地质研究所进行研究，经鉴定，其中一块被确认为是一特大型鸭嘴龙类的胫骨。此后于1964年10月、1965年4月、1966年5月、1968年6月四次进行采挖，前后四次采集化石总计30余吨。之后经过四年的清理修补，在诸多具恐龙个体中合成一具长15米、高8米的骨架命名为"巨型山东龙"，这是当时世界上已知鸭嘴龙类化石中最高大的，也是鸟臀类恐龙化石中最高大个体，晚白垩世早期的鸭嘴龙化石在世界上还未有过报道，巨型山东龙的发现填补了这一空白。

巨型山东龙（*Shantungosaurus giganteus* Hu），爬行纲 *Reptilia* Linne，；恐龙超目 *Dinosauria* Owe；鸟臀目 *Ornithischia* Seeley；鸟脚亚目 *Ornithopoda* Marsh；鸭嘴龙科 *Hadrosauridae* Cope；鸭嘴龙亚科 *Hadrosaurinae Lambe*；山东龙属 *Shantungosaurus* Hu。

巨型山东龙是生活在距今7000万年前的白垩纪晚期，它

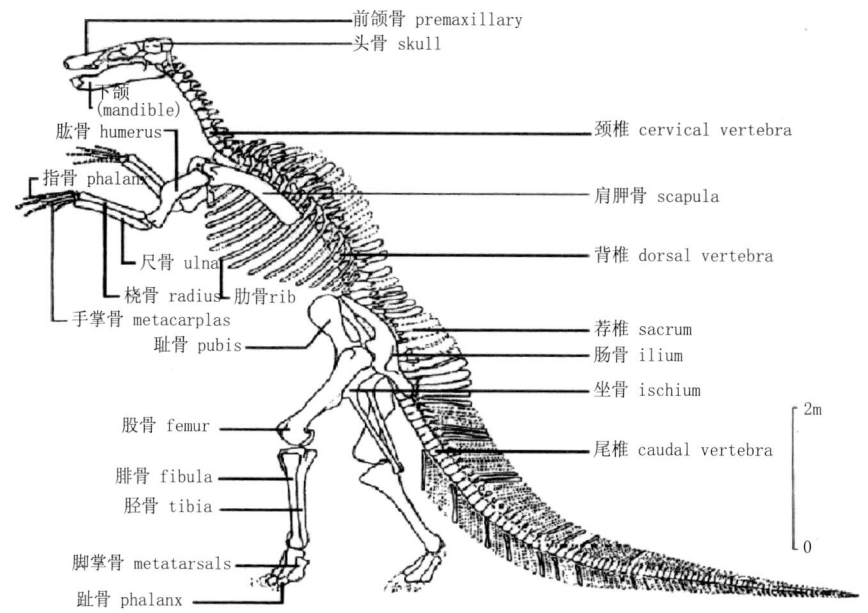

的头骨较长，额顶平，嘴扁如鸭子的嘴，因此而得名，它属鸭嘴龙科，牙前骨较长，个体很大。一般认为它是以蕨类植物为食，也有少数研究恐龙的学者推测，它是一种杂食性恐龙。

巨型山东龙的正型标本，长15米，高8米，在鸭嘴龙类中产出层位最低，曾是世界上最高大的鸭嘴龙。巨型山东龙属于恐龙类中的鸟臀目恐龙。特点是嘴宽而扁，很像鸭喙。头骨长，顶面较平，头后部较宽，齿骨牙列较长。以两腿行走，前肢相对较小，后肢粗壮，趾间有蹼，并有一条很长的大尾巴。

头骨大而窄长(1630毫米)，顶面较平，自上颞孔后部向前至额骨前部明显向下凹入，颞孔近长方形，鼻孔大，呈长椭圆形。枕部高，吻部低，方骨近直立，呈微弧状。侧视头骨呈前低后高的楔状。上颌骨呈三角形，下缘向上呈微弧形弯曲，顶端位于上缘的中央。前颌骨较平坦，前外侧缘有一凹入特别的槽。前齿骨呈半圆形套状，表面有不规则的穿孔。下颌长而高，底部较平直，齿骨牙列长，前部无牙齿部分较长。颈椎12节，为前凸后凹型，神经弧低平，神经棘不发育，椎体横宽大于高，呈扁椭圆形。背椎20节，前部椎体前凸后凹明显，后部变平凹型。荐椎由10个脊椎愈合而成，腹面后部有较深的直沟。尾椎84节，靠近荐椎的椎体大，呈圆形，至中部变小，为长方形、方形，后部椎体纵向加长。肩胛骨较大，中后部平直，近、远端近等宽。肠骨较平直，前突稍向下弯曲；耻骨较短，前部宽，中间收缩明显，后部呈棒

状;坐骨直长,末端有极微弱扩展的小尖顶。肱骨呈牛轭状,上部呈矩形,下部近柱形。股骨直而粗壮,第四转节位于后侧中部;胫骨较股骨短,两端扩展扭转近90°。肱骨为股骨长的3/5;前肢为后股长的2/3。骨架总长15米,高8米。

通过化石比较分析,专家认为该属种的主要特征是头骨平、上颞颥孔前后长、左右窄;上颌骨的三角状的顶点位居当中,后部突起显得很微弱;齿骨的下缘较平直,前部不向下弯垂;荐椎腹面的后部椎体有较深的纵沟;坐骨较直长,末端不扩大成足状等。这些特征与另两亚科(Lambe),即头上长有冠状物或管状顶饰物的栉龙亚科Saurolophinae和头骨变化多端的兰氏龙亚科Lambeosaurinae显然不同。鸭嘴龙亚科Hadrosaurinae各属的前额骨,一般在正中部位有凸起的直棱,并在前沿和两侧有翻卷的边缘。

进一步从种的特征分析,标本上额骨后部凸起明显很微弱,不像埃德蒙托龙那样强烈的突出;而整个上额骨的前后两端向下微弯,则又与埃德蒙托龙相似;上额骨上部的三角状骨顶点位于当中,与满洲龙Mandschurosaurus mongoliensis和埃德蒙托龙相近,而与三角状骨顶端靠后的姜氏巴克龙Bactrosaurus johnsoni以及兰氏龙亚科Lambeosaurinae的各属均明显不同。

从巨型山东龙标本的整个荐椎骨看,其颈椎椎体形状呈扁圆形,前部颈椎的颈肋上下对称,与金刚口谭氏龙Tanius chingkankouensis和埃德蒙托龙Edmontosaurus regalis明显的上窄下宽呈八字形状相区别。背椎的一般构造与勒尔及怀特所记述的联合阿纳托龙Anatosaurus annectens的构造相同,属普通鸭嘴龙类型,在亚科及属一级的分类中不易区分。

巨型山东龙的肩胛骨较大,前端的宽度稍大于后端,不像蒙古满洲龙Mandschurosaurus mongoliensis那样,前部强烈收缩,后部又强烈扩展;也不像联合阿纳托龙Anatosaurus annectens前部收缩,后部扩展,并在前部收缩处强烈向下弯垂。

巨型山东龙腰带的肠骨标本从侧面来看不像中国谭氏龙Tanius sinensis和蒙古满洲龙Mandschurosaurus mongoliensis那样直,髋臼前后伸出部分的长短中等,不像满洲龙的前部较长,后部又很短;也不像联合阿纳托龙Anatosaurus annectens和寇氏阿纳托龙A.copei的后部那样很长。

由以上分析比较看出,该种与鸭嘴龙亚科的所有各属、种均有显著差异,属于新的类型,故1973年定为新属、新种:巨型山东龙Shantungosaurus giganteus Hu。

### 山东省博物馆藏巨型山东龙

1964年在恐龙涧发现的恐龙化石除极少数外,几乎都归于巨型山东龙属种,在山东省博物馆也保藏了一具巨型山东龙骨架。

正型标本的头骨,保存自头骨后部向前到额骨的前部,左边后眼眶骨的外侧部分没有保存。头骨最下边缺失一部分,整个头骨下部稍挤压,略向右侧方向移位。

头骨顶面较平,后部较宽,后部收缩狭窄者不同。从上面看,上颞颥孔前后长,在两孔之间的后部,顶骨左右两侧各有一斜侧方向向后延伸的突起,右侧的保存完好,左侧的从根部破断缺失。自上颞颥孔后部一直向前至额骨中间,逐渐向下凹

◀ 巨型山东龙头骨化石
◀ 巨型山东龙头部复原图
▼ 巨型山东龙复原图

▲ 鸭嘴龙分为棘头类和平头类两种，巨型山东龙属于平头鸭嘴龙

入，整个额骨形成一盆状体。额骨保存到前部与鼻骨和前额骨的缝合线交界处，保存完好。额骨前部当中，有一前后方向的长约100毫米、宽5～10毫米前宽后窄略为突起的部分。鳞状骨后的骨后粗糙。鳞状骨前后的交界很明显，后眼眶骨和额骨之间的交界不清楚。顶骨把鳞状骨分开一直通到所谓的颈项韧带附着部位之上，很清楚。间顶骨仍然保存着，像一个长形的瘤状突起物，横卧在额骨中合缝后边。关于间顶骨的界线，前边及两侧与额骨之间的接界很明显，后边与顶骨之间的连接不够清楚。

头骨后面较宽，从后面看，枕骨大孔呈椭圆状，高稍大于宽，自枕骨大孔向上是较高的，这个左右宽、上下高之间是相当宽阔而平整的。

方骨只有一个左边的，长612毫米，比较直。

上颚骨共有10个。上颚骨大部是残破的，只有两个左边的保存较好，一个是缺少后部的约五分之一，保存长度570毫米，修补复原后的长度700毫米，另一个是后部保存完整，这样可以看到全貌了。

前颚骨只保存一个左边半面的，保存长度362毫米，前宽198毫米，最前边略缺一点，最后与鼻骨接触的尖端部分破碎不全。整个前额骨较平坦，正中部位没有凸起的真棱，前沿也没有翻卷的边缘。外侧前沿有一扩展的边角，边角骨骼较厚，当中有凹入较深的横沟，沟内骨面粗糙，有两个较大的圆孔，圆孔不深。外鼻孔前部在前额骨板之下，因边缘破碎，形状不知，同时外鼻孔下边没有骨板连接。整个左前额骨内侧接触面的部位是平直的，是骨板连接板，而不是缝合线式的。总的来说，前额骨的构造较特殊，与其他种类不同。

齿骨共有3个。左面的一个略小一点，保存自后向前至全部牙列部分，有60个齿沟，另一个是保存了后半部分。前齿骨仅保存左边的一部分，像半圆形套子的形状，从齿骨前边套下去。骨骼极薄，厚度是前部5～8毫米，后部3～4毫米。外面和上面有许多大小不同的穿孔，呈不规则的分散排列，内侧下边有一条宽90毫米，长190毫米向后延伸的骨板，平贴近齿骨前部的内侧。前齿骨十分特殊，与其他种类的样子不相同，其他种类的大多为铲子形状。它个体笨重，前齿骨脆弱，与其他部分的骨骼不相适应，有可能部分角质物附在外面，否则很难想象它的使用。单个牙齿采集了很多，共有二百多个，但都破碎不完整。

颈脊椎有12个，其中一部分保存较完整，少数发现在头骨附近。椎体呈扁圆形状。前部颈椎的颈肋上下对称，不同于山东莱阳金刚口的谭氏龙 Tanius chingkankouensis 那样明显的上窄下宽的八字形状。

胸椎和腰椎约有30个，其中大部保存完好，半数有完整的横突。神经棘较高，扁平状，与东北龙比较接近，前部背脊椎有少数几个是较低而稍厚的，最后接近荐椎的几个开始变窄，加厚，但没有像克里托龙的样子显著在末端十分肿厚。神经棘高于埃德蒙托龙 Edmontosaurus regalis 和阿纳托龙。其他构造与拉尔及赖特龙相似。

荐椎共有4个，其中一个保存比较完整，整个脊椎骨间都骨化而合成一体了。鸭嘴龙亚科中，任何一属的荐椎没有超出九个的。

尾椎约有百余个，大都是属于前部和中后部，缺少尾梢部分的，另外，肋骨30根，脉弧11个。

肩胛骨共有7个，喙状骨2个，肱骨7个，尺骨、桡骨和掌骨8～9块。肠骨有4个，保存较完整。耻骨有3个也比较完整。坐骨4个，股骨有7个，都比较粗大。胫骨、腓骨、距骨、掌骨和耻骨均有保存比较完整的标本。

恐龙涧化石非常丰富，所发掘的只有其中一部分。从现有材料看，除极少数个别之外，几乎都归于鸭嘴龙。根据化石的构造和性质，在分类上把它归于鸭嘴龙亚科是无疑的，与另外两亚科，即头上有冠状物或管状物的栉龙亚科和兰氏龙亚科显然不同，至少在作为主要鉴定依据的头骨部分是这样的。在腰带部分荐椎的腹面有较深的直沟，坐骨末端不扩大等方面，也都是比较标准地属于这一亚科。

## 知识链接

### 恐 龙

恐龙（Dinosaur）是中生代的多样化优势陆栖脊椎动物，最早出现在2亿3千万年前的三叠纪，灭亡于约6千5百万年前的白垩纪晚期，支配全球陆地生态系统超过1亿6千万年之久。在侏罗纪与白垩纪，几乎所有身长超过1米的陆地动物皆为恐龙，是当时主宰地球的生物霸主。恐龙一词是1842年由英国古生物学家理查·欧文正式提出，欧文把恐龙总目定义为蜥形纲的一个独特部族或亚目，包含当时在英国与世界各地发现的恐龙。因为恐龙的牙齿、利爪、巨大体型，以及其他令人印象深刻的恐怖特征，Dinosauria古希腊文原意为"恐怖的"或"极其巨大的"的"蜥蜴"。

由于头骨后部较宽，额骨中间向下凹入，齿骨牙列长，荐椎由10节组成，而在平头鸭嘴龙亚科各属中都没有超出九个数目的，加之动物个体大，装架的标本全长可达15米，均与本亚科中所有各属不同，因而，定为新属，新种，定名巨型山东龙。此外，天津博物馆还收藏了巨型山东龙化石骨架。

### 巨大诸城龙

自1973年胡承志在《地质学报》第2期报道山东诸城首次发现"巨型山东龙"以来，在国内外引起极大关注。为进一步探索诸城恐龙动物群的科学价值，开发诸城恐龙化石资源，1988年在赵喜进教授主持下，山东诸城博物馆首次开展对恐龙涧为重点的恐龙化石发掘工作。经过四年来不断地工作，发现了数量众多的鸭嘴龙骨骼以及暴龙牙齿、蜥脚类恐龙，还出土了龟鳖类甲片、鳄类骨片、恐龙蛋等化石。其中鸭嘴龙化石尤为突出，包括有头骨、股骨、胫骨、肠骨、胸骨、椎体等不同部位的骨骼。经室内大量的工作，赵喜进等研究人员将其命名为"巨大诸城龙"。之后又从中筛选出完整的恐龙骨架进行组装，最终一条完整的、世界最高大的鸭嘴龙面世了，它高出"巨型山东龙"近2米。两条龙虽产出同一地点，但"巨大诸城龙"与"巨型山东龙"分别代表了两个不同属种的恐龙类型。巨大诸城龙，长16.6米，高9.1米，现典藏于山东诸城恐龙博物馆。它是当时世界上最高大的鸟脚类个体，是继巨型山东龙之后的又一新的发现。

巨大诸城龙爬行纲 *Reptilia Linne*；恐龙超目 *Dinosauria*；鸟臀目 *Ornithischia Seeley*；鸟脚亚目 *Ornithopoda Marsh*；鸭嘴龙科 *Hadrosauridae Cope*；鸭嘴龙亚科 *Hadrosaurinae Lambe*。巨大诸城龙是

一种性情温和的植食性恐龙，它们生活在距今7000万年前后的中生代白垩纪晚期，活动于湖泊沼泽地区，以岸边的植物和水中的蚌类、水藻为食物。诸城龙前后肢长度相差很大，前肢短，后肢长，在陆地上主要用后肢行走，前肢辅助；趾间有蹼，可潜入水中划水。

巨大诸城龙骨架的各部位，是从几个同类骨骼中经选择，按解剖学的合理比例组合而成的。装架后的个体巨大，前肢细小，后肢粗长；头骨粗壮而长，头骨后面平陷，在中央部位有一纵脊；自上颞颥孔面后部向前至额骨处强烈下凹，上颞颥孔后部向前至额骨强烈向下，额骨后部有一较粗的横脊；颧骨较平整，略向外突；方骨弯曲；上颌骨呈粗壮三角形，下颌骨高，底部平直，下牙床薄，牙列超长于前端无牙部分；齿骨的冠状突起垂直于齿骨上缘，荐椎部分由9个椎体组成，其腹面较平，仅在中央处有一不明显的凹陷；趾骨略弯，坐骨突发达；坐骨长而直，干部较细，无足状膨胀及扩粗的远端。

根据鸭嘴龙动物头部颅顶变化,鸭嘴龙科（*Hsdrosauridae*）可分为3个亚科。巨大诸城龙属于鸟臀目鸭嘴龙科鸭嘴龙亚科，即头顶无隆起的平头型一类（*Hadrosaurinae*），其头骨后面平陷，在中央部位有一纵脊与山东龙相区别。然而在平头型种类中，巨大诸城龙的头顶骨较弯龙、禽龙更趋于弯曲，与谭氏龙不同在于，谭氏龙是一种头颅扁平的鸭嘴龙类，体长大约是4～5米；而棘鼻青岛龙主要特征在于头颅前方挺立一个长而中空的冠状物，以此区别于巨大诸城龙。

诸城龙与山东龙总的特征表现是身体庞大，前肢短小，后肢发达。但与山东龙的主要区别在于诸城龙荐椎由9个椎体组成，其腹面较平，无明显直沟，在中央处有不明显凹陷。而山东龙的荐椎具有10个椎体，腹面直沟明显。另外，根据脊椎骨的数目可以看出，诸城龙的身体长于山东龙。山东龙颈

◀ 巨大诸城龙骨架标本
▲ 股骨化石

椎12个，背椎22个，尾椎60多个；而诸城龙颈椎9个，分两种类型：a.横突与椎体愈合；b.从第8个椎体开始横突与椎体分开；21个背椎，椎体前后显扁平，神经棘长而高，背椎分3种类型：a.横突近于平直，b.横突向上伸展，c.接近尾部横突呈平直；尾部长，具有84个尾椎，脉弧孔大，其中为强化躯体，背椎及前部尾椎神经棘发育骨质腱条。

诸城龙头部硕大，后部头顶平陷，没有脊状物，上颞颥孔向前至额骨，额骨强烈向下，在中央有一纵脊，左右上颞颥孔前缘有一较粗的横脊；颧骨较平整，略向外突；上颌骨特别粗壮；下牙床薄，牙列稍长于立是无牙部分；齿骨的冠状突垂直于齿骨的上缘，方骨弯曲。其背肋度弯大；趾骨上的坐骨突发达；坐骨长而直，远端尖细，干部较细远端没有粗壮扩张；股骨粗笨，第四转节偏上；距骨突较高，跖骨两端扩粗，显得后足宽阔。

诸城龙与山东龙这类鸭嘴龙，它们的前后肢比例明显，后肢粗壮，前肢较细小。因此，运动主要以后肢为主，前肢主要用于获取食物。

▼ 鸭嘴龙头骨化石
▶ 巨大华夏龙复原图

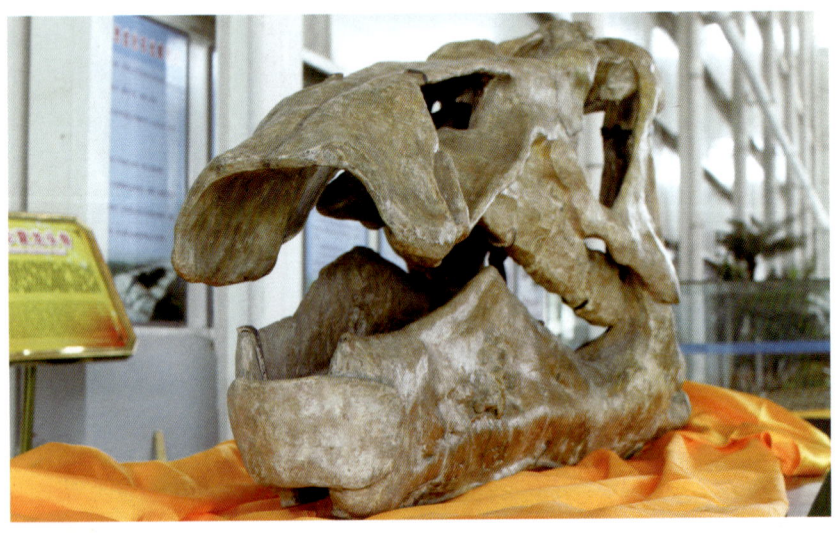

根据现有研究成果，"巨大诸城龙"和"巨型山东龙"虽产出同一地点诸城恐龙涧，总体特征表现为身体庞大，前肢短小，后肢发达。但分别代表了两个不同种属的恐龙类型：巨型山东龙的荐椎由10个椎体组成，颈椎12个，背椎22个，尾椎60多个；而巨大诸城龙的荐椎有9个椎体，9个颈椎，19个背椎，尾椎有85个椎体。因此，可以断定，它们属于不同属种的恐龙类型。而此前学术界普遍认为它们为同一属种，应进行深入的研究。

## 巨大华夏龙

巨大华夏龙（*Huaxiaosaurus aigahtenszhao*, gen, et sp, nov.）发现于诸城市龙都街道臧家庄化石点，地处诸城市西南6千米，是我国著名诗人臧克家的故乡。距离巨型山东龙和巨大诸城龙产地恐龙涧约2千米。2008年3月25日，诸城市恐龙化石开发领导小组人员经过实地勘探和科学分析认为臧家庄有可能存在恐龙化石。经有关领导批准，26日开始，诸城市恐龙化石发掘人员在臧家庄村北的蟹子沟进行了发掘，经过发掘发现了大量的恐龙化石。其中有：鸭嘴龙类、食肉龙类、角龙类、甲龙类。从产出化石数量可以看出，臧家庄产出的恐龙

化石，仍然以鸭嘴龙类最多。诸城市化石发掘人员在一处20平方米的地方发掘出了长170多厘米的鸭嘴龙股骨，长140厘米、宽24厘米的肩胛骨，以及长110厘米、宽28厘米的肱骨等，较此前发现的同类骨骼化石尺寸更大。当时赵喜进教授估计这具大型鸭嘴龙化石的拼装工作完成后，化石骨架的垂直高度将超过10米，身长近20米，体积超过当时世界上鸭嘴龙中最大的巨大诸城龙，成为鸭嘴龙中的新"世界龙王"。2009年经过修复装架，现在该具恐龙化石

骨架已经装架成功。因该种鸭嘴龙体型巨大，是目前中国发现的世界上最高大的鸭嘴龙化石骨架。赵喜进教授决定将这条巨龙命名为：巨大华夏龙 Huaxiaosaurus aigahtens。巨大华夏龙从头至尾椎末梢总长度达到18.7米，高达11.3米，与同类型的鸭嘴龙比较，比巨型山东龙 Shandungosaurus giganteus 高出3米多，长出3.7米，是鸭嘴龙类平头型新属新种，是新的目前世界上最长最高大的鸭嘴龙新属种。经过赵喜进教授的分析、比较和研究，巨大华夏龙无论从头骨、脊椎骨、肩胛骨、肠骨、股骨等方面都与鸭嘴龙亚科各属、种有着显著的不同。特别是荐椎腹面较平整，不突出，而巨型山东龙腹面有较深的纵沟；巨大华夏龙由10个椎骨愈合在一起组成，这些较明显的特征说明，巨大华夏龙与巨型山东龙是比较接近的，但是，又有所不同，因此，巨大华夏龙应该作为另一新属，归于鸟臀目鸭嘴龙科 Hadrosauridae 亚科平头型类 Hadrosaurinae。目前巨大华夏龙化石骨架陈列于山东诸城恐龙国家地质公园内。

## 巨型诸城暴龙

2009年恐龙专家在诸城首次发现霸王龙亲缘属种，并被命名为"巨型诸城暴龙"。巨型诸城暴龙产自诸城市龙都街道的臧家庄，从诸城市恐龙文化研究中心保存的上颌骨和牙齿系列标本上看，研究人员推测这种暴龙长达11米、高达4米，体重达6吨，是世界上最大的暴龙类恐龙之一。暴龙类属于兽脚亚目中食肉类恐龙，前肢短小，前肢有二指，用后肢行走，巨大的颌骨具有强大的咬合力，以猎食或腐食为生，主要发现于北美和东亚，生活在白垩纪晚期，距今约9900至6500万年前，霸王龙是暴龙类恐龙的典型代表。

从目前材料看，牙齿与霸王龙的较相近；第Ⅳ右脚掌骨也差别不大，惟一区别仅在长度上略小于霸王龙，因此1973年曾初步鉴定为霸王龙相似种 Tyrannosaurus cf. rex Osborn。根据标本自身的总体形态特征，与霸王龙比较接

### 知识链接

**鸭嘴龙**

鸭嘴龙（hadrosaurs），生存于1亿年前白垩纪晚期，这正是恐龙发展的顶峰时期，所以它们的数量很多，在吃植物的恐龙中约占75%。它们是一类较大型的鸟臀类恐龙。鸭嘴龙的吻部由于前上颌骨和前齿骨的延伸和横向扩展，构成了宽阔的鸭嘴状吻端，故名。

鸭嘴龙是鸟脚类恐龙最进步的其中一大类。在亚洲及北美洲等地，晚白垩世的鸭嘴龙化石到处都有发现。鸭嘴龙是北美最早发掘纪录的一种恐龙。在中国除山东外，内蒙古、宁夏、黑龙江、新疆、四川等地均曾发现不少鸭嘴龙化石。

▲ 巨型诸城暴龙骨架标本

近，无疑应归属于霸王龙属。但两类生物之间确也存在一些形态上的不同之处，鉴于新种第Ⅳ脚掌骨略小；近端内侧宽于外侧部分；内侧的深窝更深；下半部折起的直棱在正中部位等方面尚存一定的差异，很可能是由于区域隔离造成种间的差异，所以分开来定一新种。

暴龙的属名在古希腊文中意为"暴君蜥蜴"，种名在拉丁文中意为国王。有些科学家认为亚洲的勇士特暴龙（Tarbosaurus bataar）是暴龙属的第一个有效种，而其他科学家则认为特暴龙是独立的属。除此之外还有许多暴龙科的种已被提出，但它们多被认为是暴龙的异名，或被分类于其他属。如同其他的暴龙科恐龙，暴龙是两足、肉食性恐龙，拥有大型头颅骨，并藉由长而重的尾巴来保持平衡。

相对于它们大而强壮的后肢，暴龙的前肢非常短小，几乎才跟人的手臂一样长。长久以来，暴龙被认为只有两根手指，但在2007年发现的一个完整的暴龙化石，显示它们可能具有三根手指。暴龙可能是种顶级掠食者，以鸭嘴龙类与角龙下目恐龙为食，但有科学家认为暴龙是种食腐动物。

▲ 巨型诸城暴龙复原图
▶ 暴龙牙齿和牙床
▶ 诸城中国角龙复原图

### 诸城中国角龙

2008年1月,中国科学家在山东诸城进行第三次发掘,最终发掘出了的一种角龙科恐龙化石。2010年8月,针对这种恐龙发掘地以及形态等因素考虑,中国科学院古脊椎动物与古人类研究所徐星将其命名为"诸城中国角龙"。这也是自2008年1月开始的诸城市第三次恐龙化石发掘以来首个被命名的恐龙新属种,也是这次科考发掘中的重大发现之一。

诸城中国角龙的头骨长度超过180厘米,宽度至少105厘米,在它的头前部长有一个超过30厘米的粗壮的角;在头后缘长有超过10个弯曲的角。研究发现,诸城中国角龙属于角龙科两大类群之一的尖角龙类,这一类群的身材相对较小。

然而,诸城中国角龙的发现模糊了角龙科两个亚群之间的界线。中国古生物学家徐星说,诸城中国角龙是已知最大的尖角龙类之一,大小更接近开角龙类,缩小了这两类角龙的体型差别。除此之外,诸城中国角龙还有其他一些特征更接近开角龙类,比如头后缘平滑。更有趣的是,它还具有一些见于小型的相对原始角龙类的特征。

诸城中国角龙的发现动摇了角龙科恐龙分类学和演化关系,对于研究白垩纪恐龙迁徙的规律,具有十分重要的科考价值。此前大型角龙类化石只在北美地区有所发现,而诸城发现的大量大型角龙类化石,打破了恐龙学界关于亚洲没有大型角龙的猜测,并提供了许多关于非角龙科恐龙到角龙科恐龙形态转变的重要信息。

### 意外诸城角龙

"意外诸城角龙"与之前发现的"诸城中国角龙"虽然体型上相差甚大,但是根据研究发现,两种恐龙可能都是由原始角龙进化而来,是同宗的"本家",意外诸城角龙的发现更说明了角龙类恐龙不同种群间的差异性之大,完全超出我们的想象。

以往古生物界普遍认为,纤角龙科是比角龙科更为原始的种群,"意外诸城角龙"的发现颠覆了这一传统观念。它具有许多进步特征,而且与进步的"诸城中国角龙"同时生存在恐龙时代的最末期,增加了纤角龙科恐龙种群

之间的个体差异和分异度，表明纤角龙科恐龙在晚白垩世是与角龙科恐龙同时存在的进化比较成功的种群。

从这两类恐龙下颚和牙齿特征之间的比较来看，这两类近亲恐龙可能是由于个体之间食性的差异进而在漫长的演化中逐渐分道扬镳，进化为不同的种群，同时生存在晚白垩世的地球陆地上。

意外诸城角龙的发现和命名具有很重要的古地理学意义，表明了亚洲和北美在白垩纪晚期有密切的联系。同时为角龙在白垩纪晚期的演化提供了重要的信息，表明角龙在白垩纪晚期的演化比想象中更为复杂。

纤角龙科恐龙是一种体型较小、四足行走的角龙类恐龙。它们全身总长大约2米，比角龙科恐龙要小很多。但经过长时间的研究，"意外诸城恐龙"和先前发现的大型角龙类化石"诸城中国角龙"，可能同是原始角龙类进化而成。

除了著名的"诸城中国角龙"和"意外诸城角龙"，诸城还有一大批正在研究中的角龙，这些角龙新属种的命名工作也正在进行中。

### 病变恐龙骨骼化石

在山东诸城恐龙国家地质公园内，近期发掘中还发现多块病变恐龙骨骼化石。

病变恐龙骨骼化石是由于地质变迁改变了恐龙生存环境而发生的病变。

对研究诸城地区白垩纪环境变迁有重要意义。

### 恐龙蛋化石

恐龙蛋化石是非常珍贵的古生物化石，最早于1869年发现于法国南部普罗旺斯的白垩纪地层中，由于在全世界范围内发现的恐龙蛋化石的数量不多。在山东诸城恐龙国家地质公园内的化石发掘中发现较多的恐龙蛋化石。

◀ 诸城中国角龙骨架标本
▲ 长形恐龙蛋化石
▼ 圆形恐龙蛋化石

### 纳犸象化石

纳犸象化石在山东诸城恐龙国家地质公园周围地区分布甚多、甚广，近年来有多处发现。如密州街道三里庄、舜王街道官庄店、柳家村、昌城镇芝灵和双塘等地。特别是1962年春，三里庄水库修建溢洪闸时，在3米深的黄土层下，粗砂砾石板结层上，发现一具纳犸象骨骼。在山东省博物馆古生物专家孟振亚的指导下，进行了清理。发现门齿2个（1个残断）长3.3米、径粗0.22米；后肢骨1根，长1.25米、径0.35米；前肢骨、肋条、脚趾骨等。化石周围为砂砾石，系河流冲刷二次搬运，故骨骼不全。1963年夏，在柳家村西河发现象臼齿4个，颈椎骨1件。1984年修建西河大桥清基时，又发现古象前肢骨等。1986年在舜王街道官庄店村前发现并清理出纳犸象肩胛骨、后肢骨，肢骨长1.3米，径0.22～0.25米。该处也是二次搬运。该化石处于一个斜坡之上，土质坚硬，当系潍河故道的北岸。这些化石对研究第四纪环境变迁、河道改变的时代等提供了实物证据。

### 古菱齿象化石

1999年8月在石桥子村西的一条水渠底部，也发现古菱齿象化石。牙长3.53米，围粗0.76米，是目前山东省已发现的最长的古象牙化石，同时出土的还有臼齿、牙床、额骨等头部化石。

已装架的古菱齿象化石骨架，长7米，高4.5米，生存于晚更新世。收藏于山东省博物馆古生物化石馆、山东省地质博物馆等。

# 舜帝故里，中国优秀旅游城市

诸城是中国优秀旅游城市。资源丰富、特色鲜明、潜力巨大。目前，全市拥有旅游景区（点）20余处，其国家4A级旅游景区3处，3A级4处，2A级1处；国家级工业旅游示范点1处，省级工农业旅游示范点8处。逐步叫响了"中国龙城·舜帝故里"旅游文化品牌。

### 障日山——"卡特迈"型火山熔岩台地

障日山位于地质公园东30千米，因山高障日而得名，又因宋代大学士苏东坡做密州知府时游览障日山后留有千古名句"长安自不远，蜀客苦思归；莫叫名障日，唤作小峨嵋"，故又有"小峨嵋山"之称。障日山主峰海拔461.4米，障日山景区总面积1.3万余亩，与青岛市著名的崂山遥相呼应。

障日山是由距今1.19亿年前的中生代白垩纪青山期火山活动时喷发的、极粘稠的大量流纹岩质火山灰流、火山角砾等酸性熔岩物，在地面广为堆积熔结形成的台地，是典型的"卡特迈"型火山喷发，此类型火山喷发，现代已不多见。障日山是研

◀ 古菱齿象化石
▼ 障日山火山熔岩

▲ 障日山
▼ 流纹岩质火山灰流、火山角砾等酸性熔岩物奇观
▶ 常山—古火山颈
▶ 雩泉亭
▶ 常山鸟瞰

究中生代火山活动与演化、火山岩的重要基地,对于研究华北中生代火山活动具有重要的科研价值,也是考察、研究"卡特迈型"火山熔岩台地的难得地学教材。

障日山自然景观则以"峰险、石奇、洞幽、雾幻、名胜"五绝被世人所称道。昔日的火山喷发活动,塑造了障日山惟妙惟肖、形态逼真的360个奇景,孕育了100多处大型走廊式裂隙岩崖、岩洞,博得游人为之叫绝,由此衍生的各类美妙、动人的传说引人入胜。主要景点有金龟探海、天柱山岳、九鲤溪瀑、福遥列岛、茶园翠湖、石门锁钥、东坡古井、神鞭裂岩等景观和"太平天国"所留下的红崖古战场。障日山是道教、佛教鼎盛荟萃之地,孕育了障日山独特、浓郁的宗教文化内涵。据载障日山香火最鼎盛时期是明末清初,共建有五寺、二十八庵、一百二十八茅庵,当时僧尼、道士达二千多人,真是"山当曲处皆藏寺,路欲穷时又遇僧"。现名胜古迹大多存在,每逢"清明"和节假日,到山下祭祀扫墓游玩的人络绎不绝。

## 常山——古火山颈地质地貌遗迹

常山位于山东诸城恐龙国家地质公园东南约10千米，海拔297米。原名"卧虎山"，后因古时州、县官吏及周围百姓遇旱常往祈雨，并称"祷雨辄应，谓其有常德"而更名为常山。常山是距今1.17亿年前中生代白垩纪青山期火山活动时，来自于地壳深部粘稠的粗安斑岩岩浆，侵入于原来的火山通道中冷却，以后随地区性的地壳升降运动被抬升，周围的岩石被侵蚀搬走，遗留在火山通道中的冷却熔岩显现于地表而形成的火山颈地貌遗迹。常山是记录白垩纪火山活动的历史见证，是人们考察、研究火山塞结构的好教材。

常山是一座文化名山，名胜古迹众多，常山神祠、苏公祠、雩泉亭、远览亭、广丽亭、望海楼、碧霞宫及诸多碑碣与摩崖题记等，有着深厚的文化底蕴。苏轼知密州时曾六次率领属僚登常山为民祭神祈雨，常祈常灵，并在这里狩猎，留下了《江城子·密州出猎》等不朽诗篇。雩泉亭，坐落于常山之北的一条山涧中，涧中有一古泉，泉水很旺，"汪洋折旋如车轮，清凉滑甘，冬

夏如一。余流溢去，达于山下……"。此泉是扶淇河的一条支流。雩泉亭历经沧桑，今已无存，但雩泉尚在，今被姑子庵村群众用作水井。井底呈方形，凿痕宛在，即为原雩泉。

### 马耳山——花岗岩地貌遗迹

马耳山位于山东诸城恐龙国家地质公园南20千米，与五莲县交界处，主峰海拔717.8米，为鲁东高峰之一，景区内森林覆盖率达90%以上，是省级森林公园。因山上有两处岩壁酷似马耳而得名。自古为山东名山。据清乾隆《诸城县志·山川考》载："县境山以百计，而马耳居冈脉之脊，南北诸山脉络之不属焉者无几也，以是标准之可晰矣。水以数十计，自马耳山以南皆南流以达于海，马耳以北皆北流入潍，以是界划之可晰矣。"

马耳山山势为东西走向，由片麻岩、花岗岩构成，是距今1.15亿年前的中生代燕山晚期，来自于地壳深部的花岗斑岩岩浆，侵入于原来火山喷发时形成的放射状裂隙中冷凝成岩，之后随地区性地壳的升降运动被抬升，上覆围岩被剥蚀殆尽，花岗斑岩露出地表，最终使马耳山侵入岩体的原貌显现于地表，构成当代雄伟壮观的地貌景观。流水的冲刷侵蚀，风化、崩塌等地质作用沿着地壳运动所形成的垂直节理进行，塑造了马耳山惟妙惟肖、形态逼真的奇景。这里地势陡峭、怪石嶙峋，象形石、异石兀突，是调查研究岩浆活动的理想处所。

五老峰、松朵峰、鸽崖峰等奇峰高峙竞秀，山间岚气霭霭，泉水淙淙。山坡林木覆盖，荆榛遍生。山石嶙峋，山势陡峭，但有曲径通幽。这儿有仙人洞、龙王泉、隐龙寺、石龙寺、齐长城和桥上庄等胜迹。据唐代文学萧颖士《马耳山记》记载，仙人洞为东晋人葛洪曾隐居炼丹之地。隐龙寺、石龙寺为北魏正光时所建，至清末仍完好，今已废圮，仅存遗址。山脊处有横亘绵延的齐长城。据郦道元《水经注》记载："山上有长城，西接岱山，东连琅琊巨海，千里余里，盖田氏所造也。"《竹书纪年》记载："齐长城"为周显

ZHUCHENG | 诸城

◀ 远眺马耳山
◀ "鲁东第一高峰"
▼ 马耳山永隆寺
▼ 马耳山长寿峰

王十八年（公元前351年）筑建，至今已有2349年的历史。今有些地段，残址凸出地面1米左右，宽10米左右，基础多以块石垒砌。其上以沙土夯筑。每遇沟壑以巨石填筑。曲折蜿蜒，高低绵亘，十分壮观。"齐长城"经历的诸城段，西自郝戈庄的马耳山，东延至皇华镇的龙湾头，再延至林家村镇的马山后，林家村镇的台家沟南岭，然后入胶南市境，全长30多千米。打开乾隆《诸城县志·总图》可见，马耳山与喜鹊岭之间为"黄草关"。这是"齐长城"一道险峻的关隘。马耳山自古有名。唐开元年间，官秘书正字、史馆待制的"萧夫子"——萧颖士，"慕名托疾"不远万里，来诸城马耳山游览，写下了《游马耳山》著名长诗。诗云： 兹山表东服，远近瞻其名。合冥尽溟涨，浑浑连太清。我来疑初伏，幽路无炎精。流水出溪尽，覆萝摇风轻。高深度气候，俯仰暮天晴。入谷烟雨涧，登崖

▲ 卢山圣灯岩
▼ 神龙探海
▶ 竹山森林公园

云口明。乾坤正含养，种植总滋荣。

### 卢山

原名故山，位于县城东南13千米，海拔382.9米。山势陡峭，怪石嶙峋。山前有卢山洞，洞口上方刻有宋宣和三年赵周宾题写的"卢山洞"三个大字。洞中有许多宋人刻词，中央置有卢敖像。洞西南有"圣灯岩"，山巅有"饮酒台"，山后有磨菇石等古迹。山之阳还有兴国寺、卢山寺等寺院，寺内石塔林立于群山环抱之中，景色秀丽，环境幽雅，为诸城重要名胜。卢山洞，又名休粮洞，传说即卢敖藏匿之所。石洞南向，洞高约2米，似一间房屋大小。摩崖刻有题名，洞中顶部刻有"陈行之携稚子知自、知晦、知素、知恪、知恭到此洞。""至和元年（1054年）九月初六日"。东壁刻有"赵周宾、高在用、赵守中同游，宣和三年（1113年）"。洞外上端刻有"守中、周宾、大用同游"。洞口上横题"卢山洞"三个大字。县志记载为邑人张侗所题。饮酒台，台位于卢山西峰之巅，台呈方形，台北即为10余米的峭壁，台中部有一大裂缝,但尚完好。传说为卢敖饮酒处。
圣灯岩,在饮酒台西南卢山半坳中,一排拔地而起的怪石,高约20余米,远望似灯台排列,故名"圣灯岩"。卢山不仅景色秀丽,古迹闻名,而且最引人神往的是它的"山市"。清同治甲子(1864年)春,四川丹陵人彭促尹来诸城登卢山,写下《游东武卢山记》。其中记载:晨起,效东坡祷海神。已刻,登山。山极峭,屐几损。至巅,忽见东南有青黑气屏挡如障,俄,五嶂结为浮屠,有僧来往。又顷刻,杰阁摩天,飞檐厂楔,气象直欲吞日,紧与浮屠对。其下,沃野中开,阡陌横袤,垂柳夹道,茅屋土垣隐露人家半面……未几,景物消散,目前唯烟雾掠耳也。仆夫为余言:"此山市也。本地官民数年不见,公似有缘焉。"

## 竹山

竹山位于诸城市东南部林家村镇,西临泸河,海拔402米,因巅峰陡立,石棱如削,酷似竹笋而得名。竹山森林蔽日,草木茂盛,四周怪石嶙峋,山顶较为平坦。站在山顶鸟瞰,梯田、村庄尽收眼底。竹山森林公园,每年都吸引不少市内外游人前来观赏和旅游。山表草木茂盛,2002年被批准为省级森林公园。森林面积4000多亩,林内山清水秀,林木葱郁,森林覆盖率达97%以上,被誉为"天然氧吧"。园内原始树木遮天蔽日,自然风光秀丽迷人,文化古迹源远流长,神话传说纷纭迷离,现有尼姑庵、神仙台、消食神茶、黑松林、天书石、饽饽石等多处人文古迹。山上栽有板栗、桃树、柳树、槐树等树木几十种,各种植物、药材达千种。

### 都吉台

都吉台原名"斗鸡台",为春秋时鲁国季氏与后氏的斗鸡之处。《史记·鲁周公世家》载:昭公二十五年(公元前517年),鲁大夫季平子(季孙意如)与鲁大夫后昭伯(后恶)以鸡角高下,季氏败北,羞怒辱后氏。后氏联合臧氏去鲁昭公处告讦,昭公偏袒后氏,遂讨伐季氏。季氏联合叔孙,孟孙,三家共伐鲁昭公。昭公败而失国出亡,后氏亦为孟孙所杀。碑文,吾邑石桥镇北旧有三官神祠,面荆山环荆水,福庇一方。

### 超然台

坐落在原北城墙偏西处,今台下巷北端与北关路交汇处。台高10米左右,北面紧靠城墙,台面略成梯形,前沿东西长约28米,南北宽25米。台上分前后两院,前院中间有3间厅堂,明柱出厦,门悬横匾"慕贤亭";后院有东西两庑,各3间,较前矮小,内置刻石。后堂3间,内有苏轼泥塑坐像,一手捧书,一手扶膝,神态文雅庄重,风度超然脱俗。

"明月几时有,把酒问青天……"中秋佳节,当万家团圆、举杯赏月时,会情不自禁地吟诵这首千古名篇——《水调歌头·明月几时有》。这首脍炙人口的诗句就是苏轼在诸城超然台上一气呵成的。苏轼是豪放派诗词的代表人物,任密州太守两年多的时间内,写下了230多首(篇)脍炙人口的诗文。苏轼一生代表词作有《水调歌头·明月几时有》、《江城子·密州出猎》和《念奴娇·赤壁怀古》,其中有两首就创作于诸城。诸城人民创造了灿烂的历史文化,而深厚的文化积淀也熏陶和影响了一代文豪苏东坡,正是在这片丰厚的文化沃土上,苏轼达到了他诗词创作的最高峰,形成了他独具特色的豪放词风。

超然台诸城著名文化古迹,始建于元魏时期,北宋熙宁八年(1075年)苏轼知密州时扩建,苏轼之弟苏辙为其取名"超然台",苏轼深爱此台,亲笔题写超然台三个大字,并作《超然台记》以志其事。常与僚属友人在此远眺酬唱,《超然台记》、《水调歌头·明月几时有》、《雪后书北台壁二首》、《望江南·超然台作》等名篇均成于台上。后人缅怀苏轼,元明清时曾多次重修超然台,慕名登台凭吊者甚多,留下许多名诗佳句、墨迹刻石,形成了独具地方特色"超然物外、淡泊名利"的超然文化。1948年超然台不幸毁于战火,存在延续870多年。为弘扬民族文化,挖掘研究超然文化,2007年诸城市市委、市政府决定重建超然台。超然台本

◀ 都吉台
▲ 超然台

着"归其旧制、修旧如旧"的原则,参照宋代建筑风格在原址重建,2010年1月,超然台建成开放。

重建后的超然台,位于超然路北侧的繁华市区。参照明清时的建筑样式,沿袭了宋代建筑风格。台高10余米,长150多米,总建筑面积7000平方米,展区面积3000多平方米,气势宏伟,古朴厚重。馆内陈列以碑刻、字画为主,突出了苏轼在密州的活动业绩和后代文人雅士登台凭吊苏轼的作品,共分三层展区。顶层平台,由城墙、南北堂屋、东西庑房和角楼等仿古建筑群组成,内陈仿古碑刻、摄影图片、苏轼书画等展品,集中展示了超然台悠远的历史和深厚的文化底蕴。二层为主展厅,以苏轼在密州为主题,分苏轼生平、密州岁月、文苑奇葩、书法成就、世人评说、画说东坡六大部分,通过文字、图片、声像以及高科技手段全面反映了苏轼在密州的政治、文化、艺术成就。一层展厅也是主展区,重点展出了苏轼密州出猎大型场景、超然台上历代累存的墨迹刻石和当代文化名流的书画等内容,集中揭示了超然文化绵长的发展

▲ 齐长城
▲ 公冶长墓
▲ 刘墉手植栗树
▶ 刘墉栗园书院

脉络和对后人深远的影响。

### 齐国长城

齐威王六年（公元前351年），齐国为防楚国入侵，在国境南部边陲群山之巅筑造，后称"齐国长城"。齐长城蜿蜒于市境南部群山之巅，西南自马耳山入境，沿马耳山、石人山、七泉山、茁山、拔地盘、黑溜顶、摘星楼、马山、磊石山至台家沟南岭入胶南县境，境内全长60余里。远看如带，近看似岭，颇为壮观。齐长城古迹，有着极为重要的历史价值，1979年被定为县级重点文物保护单位，并树立标志予以保护。

### 公冶长祠（墓）

公冶长，复姓公冶，名长，字子长（子芝），春秋时鲁国人，是孔子的学生和女婿，七十二贤之一。清乾隆《诸城县志》记："唐开元十七年，赠莒伯。宋大中祥符二年，封高密侯。"可见公冶长在历朝历代皆有很高的名望。传说公冶长懂得鸟语，世居诸邑公冶长村。在今市区北30公里的贾悦镇锡山子东南角，有一公冶场村（后并于近贤村），就是公冶长的故乡。公冶长死后葬于此。

公冶墓祠，原在锡山之上，后因明朝在此山开矿，将墓迁于山下公冶场村北。今墓堆高大，保存尚好。史料记载，墓前曾有公冶长祠，附有院墙、门楼等建筑，院内碑碣林立，古木参天，是境内著名的古迹之一，为历代封建官吏、文人墨客礼拜之地。

据清乾隆《诸城县志》记载，明弘治六年，山东按察司巡海御史赵鹤龄来诸视事，拜谒公冶长祠，县令冯杰陪同。参拜完毕，赵问冯杰墓在何处。冯答，祠下便是墓。赵听后甚为不乐，认为这样年久会无墓可指，遂即倡议，将祠移于墓前，把墓培土成冢，移植树木，还增设了左右两庑、门楼、墙垣等，并固定庙户二人看守。从此，公冶长墓、祠便初见规模。公冶长祠、墓经历代多次维修，特别是乾隆二十七年，"知县官懋让既修祠、墓,以田隶校官俾奉祀焉,祭以三月三、九月九",此后,前来拜祠祭墓的人更是络绎不绝。至民国初,墓、祠更趋完臻,计有三间祠堂,内塑公冶长彩像,四壁挂有历代圣哲文士的诗、画、文、联等。可惜,公冶长祠今已无存,但墓尚在,已被列为县级重点文物保护对象。

### 韩信坝

"韩信点兵——多多益善"是我们经过挂在嘴边的一句歇后语。当年韩信帮助刘邦打天下,被封为淮阴侯。韩信足智多谋、能征善战,是智慧的象征。在诸城,仍遗存当年韩信打败楚将龙且的潍水之战遗址—韩信坝。该遗址位于诸城市城北约25公里处的古县村东侧的潍河上,两岸并立着两座海拔不到200米的小岭,潍河流经这里河面变窄,形成一个咽喉地带。《水经注·潍水》记载:"昔韩信与楚将龙且夹潍水而战于此。"西汉初年,韩信和楚将龙且在这里进行了一场著名的战役。两军隔潍水列阵,韩信命令军士用万余条布囊,装满沙土,乘夜色截留潍河上面的峡谷处,然后诱敌深入,打开筑坝,水淹楚国20万大军,杀死龙且,创造了历史上以少胜多的著名战例。当地百姓为纪念这一著名战役,便把韩信率军所筑的这条坝称为"韩信坝"。

### 刘墉板栗园

刘墉板栗园是清代名臣刘墉的家族板栗园,位于昌城镇西北部,北依风光秀丽的巴山,西临碧波荡漾的潍河,板栗园古树密布,有明清古树3000

余棵,50年以上的古树8000多棵,年产板栗200余万公斤,是江北最大的板栗生产集散地。有"天然氧吧、古树王国"之称。荣获山东省"农业旅游示范点"、国家"AAA级旅游景区"等称号。

园内有凤鸣坡、金沙滩、眺望台、情人岛、迎官道等旅游景点。配套建设了国际美食园、国内烧烤园、密州烧烤园三个美食园区和四星级旅游酒店,是集水上游乐、板栗观光、林中美食于一体的综合性生态旅游园区。

### 沧湾

又名沧浪湾,位于市中心。其很早就成为群众之游乐场所。随着旧城改造和新型建筑的不断兴起,先后在湾北建起了礼堂,湾西盖起了文化馆、图书馆,湾东北修建了电影院,沧湾就自然而然地处在了县城文化娱乐的中心地带。1983年7月沧湾得以重修建,东西长63米,南北宽68米,湾边为石砌,四周置栏杆,水边垒假山,中央建"漾月亭",有九曲桥通往北岸。亭下瓷蛙喷雾,水中红鲤嬉戏,水面芙藻争妍,岸边柳翠欲滴。每逢朝阳初露,霞光万道,流金溢彩,别有情趣。月夜游观,周围万盏灯火倒映水中,犹如繁星缀天,更加引人入胜,实为城内一游览胜地。更为有趣的是,"金蟾在水不喧噪"。

### 大舜苑

大舜苑位于山东省诸城经济开发区内,是中华道德始祖虞舜生地,舜文化道德教育基地。孟子曰:"舜生于诸冯。"诸冯古有舜井、舜庙、历山。清乾隆《诸城县志》载:"诸冯有舜庙,

未知为何时创立。"

民国二十六年（1937）春，山东省政府主席韩复榘拨款重修并题匾。1975年毁于洪水。2004年建大舜苑文化旅游区，于原址重修舜庙，面积4335平方米。苑内主要规划景点有：大舜殿、舜帝广场、舜裔祠、舜字壁廊、舜庙、古诸冯村（舜帝故里）、历山、名人馆、人工湖、水上乐园等景致。目前，大舜苑已投资600万元完成了规划设计，整修了道路，恢复了舜耕历山的历史风貌，在原舜帝庙遗址重修了舜庙。据司马迁《史记》记载："天下明德皆自虞帝始""舜之德可谓至矣"，舜承尧禅禹，为中华道德文化之鼻祖，其首倡的德、孝、仁、诚四千年来为中华儿女所推崇和景仰。为弘扬虞舜文化传承历史文明，促进和谐社会发展而建大舜苑。苑内景点分中、左、右三路布局，中为大舜殿、舜帝广场、历山，侧为舜裔祠、古诸冯村、舜庙、名人馆、水上乐园等。舜庙坐落在古庙遗址处，仿明清建筑风格，庙内有至德殿、睿妃殿、启贤殿、钟鼓楼、大舜德化碑、孝行碑、事略碑及重修舜庙碑记。自2005年以来，大舜苑多次成功举办公祭舜帝大典和大舜文化节，吸引了众多游览者。

### 王尽美烈士纪念馆

王尽美烈士纪念馆位于市区南部风景秀丽的三里庄水库坝北高坡，地势高阔，环境优美，南眺马耳山、常山与水库万倾碧波辉映，蔚为壮观；北瞰诸城城区全貌尽收眼底，山光水色，古今建筑融为一体，实为诸城绝胜景观。纪念馆园内遍植翠柏苍松，各类花木错落有致，葱茏簇秀，草坪如茵。1991年5月，经中央宣传部、中共山东省委、中共潍坊市委批准修建了王尽美烈士纪念馆，7月1日奠基动工，1992年7月1日建成并对社会开放。总占地面积为45000平方米，纪念馆建筑面积为810平方米，绿化面积达80%以上。该馆建筑造型新颖典雅，主馆坐落一正方形台基上，为正方体两层平顶楼式建筑，建筑高度13.74米，四面大门互相对称，

▲ 祭舜大典
◀ 大舜苑至德殿

内外花岗岩石贴壁,象征王尽美千秋永在,万古不朽。大门两侧的两面象征党旗,53级石阶寓意王尽美是一大代表,25年把27岁年轻而宝贵的生命献给了中国人民的革命事业。陈云同志为纪念馆题写馆名,门厅迎西镶嵌着董必武同志《忆王尽美同志》的诗篇。

馆内上下两层,楼下一厅四室展出王尽美烈士生平事迹,厅内耸立着高2.8米的王尽美大理石雕像,对面映壁上石刻《国际歌》,昭示王尽美为共产主义奋斗终身的光辉一生,围绕厅周设四个展室,其中一、二、三展室以184帧极其珍贵的历史照片、图片和实物展示了王尽美同志短暂而光辉的革命生涯和建立的丰功伟绩。第四展室陈展着江泽民、彭真、乌兰夫、徐向前、聂荣臻、谷牧、胡乔木等17位党和国家领导人和14位老一代革命家和山东省委领导人的亲笔题词,以及建国后出版的介绍王尽美的革命业绩书籍刊物。

纪念馆二楼为通间大厅,为诸城市地方党史展览,展示珍贵历史史料照片、文献资料照片265帧。分四个历史时期全面系统概括地介绍了诸城地方党组织的创立、发展及领导人民同国内外敌人进行长

▼ 王尽美烈士纪念馆
▶ 臧克家故居
▶ 臧克家故居内景

期艰苦卓绝斗争的光辉历史,以及建国后在革命和建设事业中取得的辉煌成就。

## 臧克家故居

臧克家(1905~2004年),诸城市龙都街办臧家庄人,现代诗人,曾用名臧瑗望,笔名孙荃、何嘉。自幼喜爱古诗和民歌,青少年时代生活在农村,目睹农民的苦难生活,奠定了他此后诗歌创作的生活基础。1923年开始接触新文学,习作新诗。第一次国内革命战争失败后,回到故乡,不久因受反动派迫害,逃亡东北。1930至1934年,在国立山东大学读书期间,含愤苦吟,得到了闻一多、王统照的鼓励,诗集《烙印》(1933)、《罪恶的黑手》(1934)先后出版。大学毕业后,一面教书,一面从事新诗创作,写下了长诗《自己的写照》(1936)和短诗集《运河》(1936)等。后来还创作有《从军行》(1938)、《泥淖集》(1939)、《淮上吟》(1940)、《古树的花朵》(1942)、《泥土的歌》(1943)、《十年诗选》(1944)、《宝贝儿》(1946)、《生命的零度》(1947)、《一颗新星》(1958)、《春风集》(1959)、《欢呼集》(1959)、《凯旋》(1962)等诗集,反映了不同时代的生活、政治主题。

臧克家诗作的问世,给20世纪30年

代的诗坛带来了新的气息,对后世影响深远。2001年1月臧克家获首届"中国诗人奖——终生成就奖",2003年获由国际诗人笔会颁发的"中国当代诗魂金奖"。

臧克家故居内有堂屋、厢房、柴房、门房、学堂,主体设施为臧克家纪念馆,用图片、报纸、资料、书信、音像等方式展示臧克家这位世纪诗翁的生平事迹,并辟出专门地方建设臧克家的诗、散文等作品的展览馆。

### 诸城博物馆

诸城博物馆建筑形式为现代化建筑,坐落于和平街以西、玉山社区以北、扶淇河以东,北靠潍河国家级水利风景区,西邻恐龙公园,是一座综合性地志博物馆。现有馆藏文物15000余件,其中国家一级文物89件、二级文物65件、三级文物383件。这些文物品类齐全,工艺精湛,具有极高的科研价值、历史价值和艺术价值。

该馆建筑面积2.2万平方米,占地88亩,总投资3亿元(含名人馆),高约30米。是目前国内单体建筑面积最大的县级博物馆。层高四层,共设置单项陈列厅15个,一层为石刻厅、佛教造像艺术陈列厅、多功能厅;二层为通史厅、古字画厅、近现代史陈列厅、当代诸城展厅;三层为文房珍宝厅、古代陶瓷厅、非物质文化遗产厅、自然陈列厅;四层4个厅全部为城市规划厅,总展陈面积1.6万平方米。配套设施建筑面积5000平方米,其中文物库房建筑面积3000平方米。诸城市博物馆的建设,为更好地保护利用馆藏文物,研究诸城历史变迁,加快文化旅游业发展,将发挥重要作用。

### 诸城名人馆

诸城名人馆位于扶淇河东岸、和平街西侧、玉山社区后,总建筑面积8000平方米,层高3层。展厅设置为一层古代名人陈列厅2个,二层近现代名人厅2个,三层为多功能厅。从诸城灿若繁星的历代名人中,选出有代表性的

◀ 诸城博物馆
▲ 诸城名人馆

名人进行陈列展示，陈列内容以名人史料为主。整个陈列沿历史发展脉络展开，结合专题陈列，融学术性、艺术性和观赏性于一体，综合运用声、光、电等现代科技手段，再现诸城各个历史时期所涌现出的杰出代表人物生平事迹，展现他们对诸城、中国乃至人类发展所作出的重大贡献，体现诸城物华天宝、人杰地灵的美好形象。

诸城名人馆将成为对群众进行传统教育和爱国主义教育的课堂，专家学者发掘名人文化、进行专题研究、学术交流的基地和诸城名人文化旅游线上的重要景点。

### 潍河公园

潍河公园于2006年3月正式运行，总面积2030亩，其中陆域面积800亩（绿化面积360亩），水域面积1230亩。公园内分入口广场、观光平台、休闲演艺广场、音乐喷泉广场、凤凰广场、金谷平原等六大景区，栽植南、北方名优苗木100多个品种11万多棵，潍河公园先后获得国家水利风景区、国家AAAA级旅游景区、省级休闲渔业示范点、山东省十佳水利风景区等称号，年客流量突破百万人次。

走进潍河公园，首先给人一种绿意葱笼的感觉，景区的绿化工程进行原生态保护，对新开发

▲ 美丽的潍河公园之夜
▶ 长虹卧波

的河堤实行自然植被与人工植被相结合的方式,核心景区则采用南北名优苗木大荟萃,主要种植了世界名优树种之一的观叶树种银杏、观形树种雪松、观花树种白玉兰和观枝干树种白皮松等9大类11万多棵,另外景区的树木分布有一大特点,它们不是集中分布在某一个地方,而是分散分布,使公园更加绿意盎然,更接近自然,让人们来到公园仿佛是来到了一片世外桃园。草皮绿化面积达到了24万公顷,形成了乔木、灌木、草坪合理搭配,突出了三季有花、四季常绿的景观特色,达到了适用、经济、美观的设计效果,充分起到了改善和保护景区环境的作用,为人们创造了一个优美、宁静、舒适的公园环境。

音乐广场面积2万平方米,潍河公园的标志性景观大型音乐喷泉就座落在音乐广场内。音乐喷泉是利用音乐节奏控制喷泉效果的大型综合性音乐喷泉,完美地结合了音乐与灯光的效果,使游人在观赏喷泉的同时能够感受到视觉与听觉上的满足。音乐喷泉共分为18个部分,各部分独立而又服从于音乐节奏的统一,几组独立的喷泉同时喷放可以形成很多不同的观赏效果,它由108个潜水泵、2500个喷头和同等数量的水下灯组成。喷泉的主喷高38米,喷头口径为38毫米，最高扬程为36米，宛如盘龙出洞，冲天而上，给人以强烈的视觉冲击，副喷则在主喷的外围形成外幕水帘，既可以起到保护游人不接近主喷的作用，又可以使主喷显得不至于过于单一，喷泉会随着音乐的节奏变换不同的形状，其中，花兰和三圆直流效果尤为好看，就是内外三个同心圆，颜色、高低、层次分明，随着音乐节奏的高低跌宕起伏，丰富了喷泉的观赏效果。

位于音乐广场南面的就是凤凰广场，凤凰广场面积2万平方米，公园的两大标志性雕塑潍水之灵和阳光灯塔屹立当中，潍水之灵雕塑高28米，重110吨，它充分运用了国际化的雕塑造型方式，以诸城地域文化图像为创意素材，通过几何块面的不同向度的构成，塑造双龙腾飞的当代性的审美形象，表达诸城人民站在先进文化的基础上扎根传统，面向未来的豪情壮志，同时也寓意诸城锐意进取建设富裕和谐现代化强市的豪迈气魄。阳光灯塔高44米，为全园的最高点，它是一个风帆的形状，自上而下分为九层，通体在晚上看的时候呈现赤橙黄绿青蓝紫七色光，而且它的结构非常的轻巧，高耸入云，与潍水之灵雕塑的厚重敦实热烈向上的风格相得益彰。它那直冲云霄的气势象征着诸城的经济发展蒸蒸日上。整个凤凰广场是一只飞翔的凤凰，与潍水之灵雕塑完美的结合，寓意龙凤呈祥。另外，在凤凰广场内可以看到三块凸起的土坡，为蓬莱日观，里面种植有常绿树种雪松等，而且这三块土坡在平面图上就在中国湖的左下方，它们分别代表着台湾岛、海南岛和南沙群岛。

**琅琊刻石**

刻石有二，一为秦始皇二十八年（前219年），嬴政东巡琅琊时于琅琊

台上刻的颂德石刻；一为秦二世元年（前209年），胡亥复刻诏书于其后，及"二世诏书"。二石刻均为丞相李斯所书，皆称琅琊刻石。颂德石刻已遗失，现仅存二世诏书石刻，民国十年（1921年）移至诸城县里，1952年调往济南，1959年运往北京，现陈列在中国历史博物馆。市博物馆现存一复制品。

琅琊刻石已残破，余残高120厘米、宽70厘米，原刻12行84字，现存11行70字，残文如下："皇帝曰：'金石刻尽始皇帝所为也。今袭号，而金石刻辞不称始皇帝，其于久远也。如后嗣为之者，不称成功盛德。'丞相臣斯、臣去疾、御史大夫臣德昧死言：'臣请具刻诏书金石刻，因明白矣，臣昧死请'。制曰：'可'。"

### 三里庄水库

三里庄水库位于诸城市区南郊，西距地质公园10千米。库区坐落在诸城盆地南缘丘陵区向平原区的过渡地带，坝长约410米，坝高约18米，蓄水量2364万立方米，为市境内规模最大的水库，也是诸城市重要的供水水源。

库区岩性主要为白垩系王氏群辛格庄组和红土崖组杂色泥岩、粉砂岩、含砾砂岩地层，地质构造简单。

三里庄水库水面宽阔，碧波荡漾，烟波浩淼，远山近景，空气清新，是休闲旅游的好去处。

### 青墩水库

青墩水库位于山东诸城恐龙国家地质公园东15千米，库区坐落于诸城市南部的低山丘陵区，水库坝址选于倒漾河出山地段，坝长约500米，坝高约17米，蓄水量2000万立方米，为诸城市境内第二大水库，是三里庄水库的上游供水水源。

库区岩性为白垩系莱阳群法家茔组砾岩、含砾砂岩和青山群火山碎屑岩，地质构造较复杂。

三里庄、青墩水库的修建为诸城工农业生产提供了宝贵的水资源，为改变市区南部的小气候、小环境发挥了较大作用，并建成为诸城著名的风景区。

◀ 琅琊刻石

# 思索诸城

恐龙化石奇观是怎么形成的
诸城鸭嘴龙揭秘
诸城恐龙灭绝探秘

# 恐龙化石奇观是怎么形成的

诸城是我国重要的以大型鸭嘴龙类为代表的脊椎动物化石产出地,发现了鸭嘴龙类、角龙类、暴龙类、甲龙类、虚骨龙类、蜥脚龙类等10多个属种的恐龙化石,部分属种为世界首次发现。来到诸城的国内外古生物专家学者,在参观了诸城各大恐龙化石点后,无不被这里出土的恐龙体型、化石暴露面积、化石数量以及恐龙属种所震撼。

诸城境内,恐龙化石埋藏量大,分布广泛,种类繁多,尤以世界上最高大的鸭嘴龙闻名于世,被誉为"中国北方的恐龙之乡",2008年被中国地质调查局地层与古生物中心授予"中国龙城",是罕见的恐龙化石宝库。现已查明的化石点有30余处,分布于4个大区。以潍河为界,大致为:潍河南岸以恐龙涧为中心的化石区;扶淇河东岸以三里庄水库为中心的化石区;潍河北岸以枳沟镇侯家屯为中心的化石区;潍河北岸以舜王街道常旺铺为中心的化石区。其中,尤以恐龙涧、库沟、臧家庄的化石最为集中、丰富。目前已发掘化石暴露区约2万平方米,发现化石15000余块。据调查分析,诸城恐龙至少有鸭嘴龙类、蜥脚类、暴龙类、虚骨龙类等。诸城恐龙化石地质遗迹群以分布广泛、品种繁多、品相完好、科研价值高,成为近年来世界古生物研究的热点地区,也成为普及科学知识的神圣殿堂,吸

▼ 恐龙涧原始地貌
▶ 堆积如山的恐龙化石

引了越来越多的世界各地专家学者、科学爱好者和旅游观光者的目光。

据研究,鸭嘴龙是恐龙大家族中的晚辈,生活在距今7000万年前的白垩纪晚期,活动于湖泊沼泽地带,以岸边的植物和水中的蚌类为食,是一种以植物为主食的植食性恐龙。它因嘴宽而扁,类似鸭嘴而得名。鸭嘴龙体型庞大,前肢短小,后肢粗壮有力,主要靠后肢行走,尾巴扁平有力,用来保持身体平衡,站立时后肢与尾巴支成稳定的三角形架。鸭嘴龙牙齿很多,一般200～2000多个,这些牙齿一行行镶嵌排列在牙床里,替换使用,当上层牙齿磨蚀殆尽,下层的牙齿就长上来补充,这主要是为了适应白垩纪晚期植物的进化,因为到了白垩纪晚期,地球上柔软的蕨类植物已经衰落,而多粗纤维的、较硬的被子植物成了地球植被中的优势群落。

根据野外考察单位和有关部门于1964～1968年以及1988年在恐龙涧发掘时的资料判定,恐龙涧恐龙化石产于中生代白垩系王氏群红土崖组一段地层中,岩性显示为紫红—砖红色砂砾岩、灰白—紫灰色凝灰质砂砾岩。发掘现场数只恐龙大大小小的骨骼堆叠在一起,身首异处,所有笨重的大腿骨都基本朝着一个方向排列,说明只有巨大山洪才能冲散恐龙的巨大尸骨并使之定向排列,说明恐龙是快速死亡,同时大量的泥砂又快速地将这些尸骨掩埋,而突如其来的巨大洪水又与红土崖组一段地层紫红色砂砾岩、含砾砂岩等地层成因相吻合。

诸城之所以称为"中国龙城",是由于它的古地理、古环境为恐龙的栖息生存提供了优越的条件。时间追溯到中生代白垩纪时期,地球上的联合古陆(泛大陆)正在分离中,大陆板块分裂、漂移还未最终定位,新海洋正在逐步扩张形成,白垩纪时期气候温暖湿

润，植物繁茂，恐龙是这个世界的霸主。当时山东省诸城一带则是地球上正在分离过程中的泛大陆中的一个水草茂盛的陆相湖泊，湿润的气候和优越的自然环境条件使这里成了鸭嘴龙栖息的乐园，它们在这里生息繁衍，同时也吸引了肉食性的霸王龙来这里猎杀它们。约在1亿年前的中生代白垩纪，诸城是一个小形盆地。当时，盆地内地势平坦，气候温暖，雨水充沛，河流纵贯，遍布沼泽湖泊，茂草丛生，处于地壳运动平稳期。众多的湖泊沼泽为恐龙提供了舒适的生息环境，繁茂的裸子植物和丰富的水藻为恐龙提供了充足的食物，使恐龙这个大家族生机勃勃，兴旺发达。在白垩纪漫长的地质历史时期，这里的恐龙一代代繁衍生息，长久不衰。

后来由于地壳运动，引发了全球范围大规模的火山喷发活动，诸城附近也不例外，持续不断的火山喷发活动导致了全球气候的巨变，最终导致恐龙走向灭亡，而突如其来的巨大洪水又将它们的尸骨裹挟着泥砂掩埋在了恐龙涧及其附近地区。无数的恐龙被迅速埋藏于地层之中，经长期的种种地质作用，原来的恐龙遗体被一些矿物质所充填而石化，同时遗体中的不稳定成分相继挥发逸出，仅留下了碳质薄膜，结果虽然恐龙遗体的成分改变了，但它的结构、骨骼的形态没有改变，逐渐在地层里保存下来而变为化石。

# 诸城鸭嘴龙揭秘

诸城是鸭嘴龙的故乡,自1964年发现高8米、长15米的"巨型山东龙"以来,不断发现新的鸭嘴龙属种,包括高9.1米、长16.6米的"巨大诸城龙",以及高11.3米,长18.7米的"巨大华夏龙",不断刷新着鸭嘴龙体型的最大记录。吸引着越来越多的专家学者的研究目光,鸭嘴龙的形态、生活习性等远古的秘密不断被揭开,诸城鸭嘴龙的身影仿佛离今天的我们越来越近。

### 身材高大之谜

您见过1.8米的大腿骨吗?您站在这块骨头跟前恐怕都没有它高吧,那您能想象出来哪种动物才会拥有这块骨骼?诸城的鸭嘴龙就是这骨头的主人。经专家按照比例复原后,这条龙的高度超过十米。

鸭嘴龙因嘴扁宽,类似鸭嘴而得名。鸭嘴龙,一般分为平头和冠状头两种。在诸城产出的鸭嘴龙,属于平头类。它的形体特征是个头高

◀ 世界罕见的恐龙足迹化石
◀ 完成的恐龙化石骨架标本
▼ 巨大诸城龙骨架标本

▲ 一具个体较小的鸭嘴龙骨架

大。诸城龙同其他鸭嘴龙的生理结构一样，后腿长得长而粗，非常坚硬，同健壮的尾巴共同支撑着它庞大的躯体行走或站立。它的前肢异常细短，力量较弱，用于摘食物和游泳。它的前后趾间有蹼，用于水中游弋。它的神经系统不很发达，大脑非常小，只能支配身体前半部分。但它的荐椎内有一个很大的神经系统—"副脑"或后脑，它与大脑相配合，以控制整个身体的动作。这种结构和蜥脚类恐龙相同。它的牙齿数目多（有的超过1600余颗）呈搓板状，能有效地切磨食物，靠上下颌的上下错动，而不像现在的马类咀嚼食物。它的下牙床长有数十排牙齿，每排牙的牙槽内又各有许多牙齿。使用的牙一旦磨损，里面的牙就会生出来。它没有作为护身的武器，如锐利的牙齿、犄角、刺和坚硬的外壳，因此，遇到袭击时只能逃跑。它的皮肤厚盾，褶皱粗糙；间隔均匀地点缀着结节状的突起；体色介于绿色黄色之间，或暗绿色或带黑灰的黄土色，因这种色酷似岸边树林枝叶的环境色，能起到很好的自我保护作用。

诸城鸭嘴龙生活在白垩纪晚期（距今约7000万年）的河流、湖泊、沼泽地带——胶莱盆地。这里滋润潮湿，广阔的河流、湖泊、沼泽周围，气候温暖，不但有参天的松柏、银杏、铁树，还有色泽鲜艳、香味怡人的显花植物，生长茂盛，郁郁葱葱，给诸城鸭嘴龙带来了充满生机的自然环境。

诸城鸭嘴龙属于素食恐龙，与一般的素食恐龙吃一些较柔软的植物相比，诸城龙例外，从诸城龙牙齿构造分析，它不仅能吃柔软的植物，还能吃一些小鱼、小虾和蚌类一样外壳坚硬的软体动物。它每天吃几百公斤的植物，体重可达20余吨，在这样温暖湿润植物丰盛的环境中，食物取之不尽，所以能够生长得如此肥硕巨大。由于食物的充足，再加上爬行动物的特点就是直到死都在生长，它们的体型日益膨胀，到了白垩纪晚期，鸭嘴龙已成为众多植食性恐龙中的"巨无霸"——诸城地区成年鸭嘴龙平均体长13～25米、平均身高在7～13米之间，体重达到20多吨。

爬行动物的特点是直到死亡都在生长，诸城龙生长的如此高大就不足为奇了。

对此，赵喜进教授进行了10年的科学研究表明，诸城鸭嘴龙的祖先个头并不大，随着时间的推移，后代变得越来越大。生物学家把生物的这种越变越大的进化趋势称为"柯普法则"。依据"柯普法则"物种变大有着进化上的优势——体型越大，被沦为猎物的风险越小，觅取食物和寻找配偶的竞争性越强。一项新研究表明，鸭嘴龙幼崽跟霸王龙幼崽个头相当，但是当两者都长到5岁时，鸭嘴龙的个头就已经大得像一头牛，而霸王龙只相当于一只狗的大小。鸭嘴龙到10岁时已完全成熟，其生长速度比掠食恐龙快3至5倍。与其他素食恐龙不同，鸭嘴龙没有锋利的角，没有匕首般的牙齿，也没有笨重的盔甲。因此，鸭嘴龙只有拼命发育，通过自己比同龄掠食者个头大的优势来避免被猎杀的厄运。

### 数量众多之谜

诸城地处诸莱盆地南部的断陷盆地，该盆地形成于中生代白垩纪，构造变形复杂，地质地层发育齐全，盆地凹陷长期连续沉积，为形成恐龙化石创造了条件。自20世纪60年代以来，诸城先后发现了恐龙涧、掘村、玉皇、臧家庄、侯家屯、薛家庄、焦家庄等30多个恐龙化石埋藏点，埋藏区域1600多平方千米。经过三次有规模的发掘，共产出恐龙化石1万多块。特别是恐龙涧恐龙化石长廊长约500米，均深30米，呈45度斜坡分布，暴露化石近万块，化石分布密集，凌乱散落，宛若一幅巨大的浮雕；恐龙涧恐龙化石隆起带长约300米，宽20余米，暴露化石1000多块，化石不规则的散落分布在呈条带状绵延起伏的恐龙涧沟底；臧家庄化石层叠区，3000多平方米区域内暴露化石2000多块，高低错落，层层叠叠，蔚为壮观。

2009年8月24日，联合国教科文组织世界地质公园执行局专家一行6人在考察完诸城恐龙化石群后，盛赞诸城恐龙化石群是举世罕见的世界地质奇观，来自德国的弗雷玛丽·路易斯女士惊喜地说："这么大规模而且保存完好的化石群，真的是太神奇、太不可思议了！诸城的恐龙化石储量是非常惊人的，这是一笔宝贵的财富。"澳大利亚籍的辛普森·科林詹姆斯先生激动地说："我去过世界很多地方，其中包括一些恐龙地质公园，但从来没见过如此令人震撼的化石奇观。"

在短短的几年间，诸城恐龙化石集群的发现吸引了来自世界上大批的知名古生物专家和地质专家，他们纷纷来到诸城，他们说搞了这么多年研究从没见过这么震撼的场面，太不可思议了，纷纷表示要求到这里来搞学术研究。这在古生物界和地质学界掀起轩然大波，被他们称谓是世界第九大奇迹，其轰动力在古生物界和地质学界不次于美国人登上月球。

从事多年恐龙化石发掘和研究的中国科学院古脊椎动物与古人类研究所的徐星教授到现在都清晰地记得化石发掘现场令人震惊的情景：一万多块诸城鸭嘴龙的化石，大大小小的骨骼杂乱地堆积在一起，它们身首异处，层层叠叠，就像一个合葬的大墓地，仿佛是它们事先都约好了来到一起似的。难道诸城的鸭嘴龙也会像大象那样都能准确地预感到自己的死期。在死神降临前，便会离开族群，告别同伴，独自到这个鸭嘴龙家里去的吗？

诸城鸭嘴龙的化石大小不一告诉我们答案并非如此，不同大小的骨骼代表各鸭嘴龙发育的不同时期，也就是说这个恐龙墓葬中有各年龄层的鸭嘴龙，很多鸭嘴龙不是自然死亡的。为什么在诸城这么小的地方，能发现这么多的以鸭嘴龙化石为主的恐龙化石集群？

经过中国地质科学院地质研究所的柳永清研究员研究发现化石主要为无关联性的鸭嘴龙的骨骼，如股骨、肱骨、肋骨、胫骨和肩胛骨等，包括一些圆形骨骼"砾石"飘浮状产出，化石个体大小参差不等，大者几米长，短者几厘米，大多数顺层分布，互相间可叠盖一起，同时也有孤立发育的骨骼化石。骨骼化石也多呈棱角状，表明没有经过长距离搬运。这说明7000万年前这些鸭嘴龙在活着的时候就生活于诸城地区，这里是鸭嘴龙的栖息地。白垩纪时期的诸城地区，气候湿润，植被繁茂，水系发达，为各种动植物生存、繁衍提供了非常适宜的地理环境，成千上万鸭嘴龙就生活在这里。这也是诸城能拥有众多化石的首要条件。

要形成化石就必须有死亡。中国地质科学院地质研究所的柳永清研究员经过研究认为，生活在这里的鸭嘴龙遭遇了突发性的灾难，造成了集群死亡，骨骼在没有被微生物分解及外界破坏之前被掩埋，经过数千万年的物理、化学作用，最终形成了化石。

### 多层埋藏之谜

诸城历史上第三次恐龙化石发掘，化石产出集中区主要有三处：恐龙涧化石长廊、化石隆起带、臧家庄

▲ 层层叠叠，杂乱分布的各种恐龙化石

化石层叠区。由这三处化石集中区构成的恐龙化石集群，是第三次大规模发掘取得的最大成果，也成为山东诸城恐龙国家地质公园最壮观、最核心的部分。

在第三次恐龙化石发掘中，最初的发掘地点仍然确定在恐龙涧。这里曾是"巨型山东龙"和"巨大诸城龙"的产出地。随着盖层岩石的渐渐打开，一条长300多米，宽20余米的化石隆起带呈现在人们面前，发现包括头骨、股骨、荐椎、肋骨等各类恐龙化石1000多块。这些恐龙骨骼呈不规则排列，到目前发掘为止，共暴露出三层恐龙化石，如果继续发掘的话，下面还有多层恐龙化石，但为了保护化石没有再往下发掘。

臧家庄，位于龙都街道西南部，北距诸城城区6公里，南距恐龙涧3千米。这里的化石集中分布在3000多平方米的圆形区域内，最大特点是化石呈多层分布状态，最多处化石叠压七层，发现鸭嘴龙类、暴龙类等恐龙化石2000多块，被专家称为"臧家庄化石层叠区"。

恐龙涧化石长廊于2008年10月开始发掘，至2009年年底，总发掘面积约15000平方米，暴露化石近万块。该化石点位于恐龙涧南侧，是三处恐龙化石集中区中最大的一处，并且化石也是呈现多层分布埋藏，同样为了保护，这里也没有继续往下发掘，我们打开了一个断面，发现下面还有多层化石埋藏，这里恐龙化石埋藏至少达五层以上。

专家考证，这些恐龙化石群形成于约7000万年前，属中生代白垩纪晚期，接近恐龙灭绝时期。经过中国地质科学研究院地质研究所研究员柳永清研究证明，诸城臧家庄恐龙化石点和恐龙涧恐龙化石点所埋藏的恐龙化石并不是一次埋藏而形成现在的埋藏状况，经过柳永清研究员多次深入细致的研

▼ 分七层分布的臧家庄恐龙化石出土点
▶ 库沟化石发掘地层
▶ 胭脂红色恐龙化石

究,这三处化石点都是经过多次自然突发事件造成了多次恐龙埋藏堆积时间,而且每次都还比较集中,数量大,反应了以鸭嘴龙为主的集群死亡机制,极有可能是以鸭嘴龙集群为主的恐龙动物群在洪泛平原试图穿越洪泛河流或者遭遇大规模山体滑坡、泥石流造成了以鸭嘴龙集群为主的多次恐龙动物群的集体死亡,死后被洪水近距离冲击到现在的诸城臧家庄、恐龙涧河流中沉积下来。在冲击的过程中,恐龙身体各个部分的骨骼都冲散了架,这些散了架的恐龙骨骼被洪水冲到地势比较低的地方沉积下来被迅速埋藏起来,与空气隔绝,经过7000多万年复杂的物理变化和化学变化,后来经过复杂的多次地壳变动,被抬升至地面附近,经过恐龙专家及技术人员的发掘,形成了目前我们看到的多层埋藏状况。

另外,经过中国地质科学研究院地质研究所博士何碧竹、研究员乔秀夫,山东建筑大学土木工程学院研究员田洪水,山东省诸城市恐龙文化研究中心研究人员陈树清、张艳霞等对诸城臧家庄恐龙化石点、恐龙涧恐龙化石点的地质地层进行研究后发现了古地震记录。在这三处化石点一带的上白垩统王氏群的辛格庄组与红土崖组中发育多种类型的软沉积物变形构造,主要包括负载构造、挤入构造、球—枕构造、液化卷曲变形、混插沉积构造、地震断裂等古地震事件的记录,且具有多期次的特点,说明晚白垩纪诸城地区地震活动频繁,可能是恐龙骨骼集群埋藏的构造时间。这多期次的地震事件造成了恐龙多

次的集群死亡,从这方面也证明恐龙呈现多层埋藏的原因所在。因为恐龙不是一次集群死亡,也就说明恐龙骨骼不是一次埋藏石化,而是多次地震事件造成了多次埋藏,也就形成了化石的多层埋藏。

### 颜色众多之谜

散落于多彩岩层中的鸭嘴龙化石,呈现出多彩的色泽,正是有了缤纷色彩的装点,亿万年前强大的恐龙家族留下的遗骸也似彩虹般熠熠生辉、神妙莫测、惹人喜爱。化石砾岩层是化石的富集层,直接反映恐龙骨骼形成化石后的埋藏状态。诸城晚白垩世化石埋藏地层完整

连续，因含矿物质成分不同，化石砾岩层呈现出黄、绿、灰、紫等多种色彩，极为丰富多彩。埋藏在多彩岩层中的化石，也因多彩矿物质的置换 呈现为多姿多彩的骨骼化石。

恐龙在遭遇地震、洪水、泥石流等强烈的自然灾害大规模死亡后，被迅速掩埋在砾岩之中的恐龙遗骸，受埋藏地质环境影响，外部的矿物质慢慢渗透进骨骼中，替代了骨骼原有的有机质，逐渐石化为多姿多彩的骨骼化石。

形成的化石会出现不同的质地、不同的色彩，主要是因为它们所处的环境不同。时间、温度、压力、介质等条件都会影响到化石的质地与色彩。化石形成的方式，也造就了不同的质地与色彩。化石的形成，主要通过矿物质填充到疏松的结构间隙中的"充填"方式；硬质部分在矿化水的作用下溶解，被二氧化硅、碳酸钙、黄铁矿等物质交代的

"置换"方式。

因此，化石的色彩，绝大多数都是矿物质的颜色。如：赤红者含铁，绿色含铜，紫色含锰等等。说到这里很多人会打破砂锅问到底了，矿物为什么会有不同的颜色？

矿物的颜色是矿物对白光中不同波长的光波吸收的结果。如果是对各种波长的光波普遍而均匀地吸收，则随吸收程度不同而呈现黑、灰、白等

色。如对各种波长的光波有选择性的吸收，则呈现各种较鲜艳的颜色。对于透明矿物来说，所有透过光波的颜色就是该矿物的颜色，如自然硫，是透明矿

物,可以认为由于它较多地吸收了透射光中的紫、蓝、绿、橙、红色光波而透过较多的黄色光波而成黄色;对于不透明矿物来说,它的颜色主要决定于其表面反射光波的颜色,如黄铁矿表面反射出来的是以黄光为主,所以呈现黄色;白色方解石、自然银等分别表现为对透射光波、反射光波普遍而均匀的吸收、反射而呈现出白色。在不同的地质条件下所生成的同一种矿物,往往在颜色上也有所差别。如闪锌矿,若其形成温度较高,则含铁质较多,它的颜色容易呈现黑色或褐黑色;如其形成温度不高,则含铁质较少,因而呈现较浅的黄色、褐黄色。

　　颜色是矿物的重要光学性质之一。不少矿物有它的特殊颜色,因此它可以作为矿物的一种鉴定特征。例如孔雀石的特殊绿色、蓝铜矿的特殊蓝色都是鉴别这些矿物的重要特征。有些矿物因具有鲜艳的颜色而可作为宝石原料和天然颜料。例如红色或蓝色的刚玉、绿色的绿柱石可作为宝石原料;绿色的孔雀石、褐红色的赤铁矿等都可作为天然颜料。

### 埋藏区域广泛之谜

　　诸城是"世界恐龙化石宝库",境内具有极为丰富的恐龙化石资源。从诸城最北端的石桥子镇张祝河湾到诸城南端的皇华镇皇龙沟,从诸城最东端的百尺河的大楼子到最西端的枳沟镇玉皇都有大量恐龙化石埋藏,埋藏总面积达1600多平方千米。化石面积之大,分布之广,到目前为止世界上绝无仅有。因而诸城被国土部地质与地层调查中心命名为"中国龙城"。诸城罕见的恐龙化石集群奇观,牵

◀ 粉红色恐龙化石
◀ 黑色恐龙化石
◀ 白色恐龙化石
▲ 金黄色恐龙化石

动了世人的目光，同时也吸引了国际国内众多古生物专家和地质专家来到诸城，进行学术研究和探讨，诸城为世界恐龙化石研究提供了具有重要意义的标本素材。

中国地质科学研究院地质研究所研究员季强和柳永清研究证明，在7000万年前，白垩纪时期的整个诸城地区气候温暖，雨水充沛，河流交织，湖泊广布，植被繁茂，生机盎然。在湖泊、河流的周边以及山前低地，生长着低矮的蕨类、裸子和被子植物。充足的食物来源，丰富的水源，适宜的气候孕育了成千上万的以鸭嘴龙为主的恐龙集群，这里成了恐龙生活的天堂。可见在白垩纪晚期诸城大地上到处是恐龙走动、奔跑的身影，有的在调情，有的在呻吟，有的在饮水，有的在争斗。这为恐龙集群死亡，为现在我们今天看到的广泛的恐龙化石分布埋下了伏笔。

化石是在生物死亡后，硬体部分在没有被微生物破坏之前被掩埋，经过长期的石化作用而形成的。诸城境内到处都埋藏有恐龙化石，说明这些地方当时都满足化石形成的条件。证实在白垩纪时期突发性的灾难事件发生的范围广泛，在恐龙死亡后迅速将其尸骨掩埋。

# 诸城恐龙灭绝探秘

距今6500万年前白垩纪末期，一次突如其来的生物灭绝事件席卷了当时的地球生物圈，约75%~80%的物种灭绝。在地球历史上的生物大灭绝中，这一次大灭绝事件因长达16000万年之久的恐龙时代在此终结而闻名，海洋中的菊石类也一同消失。其最大贡献在于消灭了地球上处于霸主地位的恐龙及其同类，并为哺乳动物及人类的登场提供了契机。

白垩纪晚期，正是诸城恐龙兴旺时期，同时也是诸城恐龙泯灭之日。近年来，经过许多古生物学家、恐龙专家的研究，对于诸城恐龙的灭绝原因，分别得出了气候变化说、大规模火山说、宇宙异常变化、强烈地质构造运动、氧含量降低说、癌症说、恐龙蛋发育异常、综合说等推论。

地震泥石流学说，是目前关于诸城恐龙集群死亡最权威的学说。2010年，中国地质科学院地质研究所的柳永清研究员发现诸城各化石点化石层是一种含砾石、泥、砂、恐龙骨骼等稠度大的流体沉积，砾石大小不一，多见漂浮状者，大者10几厘米，小者1~2厘米，沉积物分选差，鸭嘴龙的股骨、肱骨、肋骨、胫骨和肩胛骨等，包括一些圆形骨骼"砾石"飘浮状产出，化石个体大小参差不等。并且观察发现恐龙涧化石长廊恐龙骨骼化石分布具有一定的方向性，即长轴骨骼分布方向为近南北走向，表明化石在南北向的高能量水流中最后就位。这都符合泥石流沉积的特点。这种单一属种大个体脊椎化石高密度堆积可能反映了集群死亡机制，可能是鸭嘴龙动物群在洪泛平原试图穿越洪泛河流或遭遇大规模滑塌、泥石流而致。

柳永清还发现，诸城地区地层中存在着大量流向不一、相互叠加的不对称波痕、泥裂构造以及水下收缩构造等地质特征，由此可以推断，白

◀ 鸭嘴龙生活场景
▼ 陨石撞击地球
▼ 超级火山大喷发

垩纪时期的诸城地区，气候湿润，植被繁茂，水系发达，为各种动植物生存、繁衍提供了非常适宜的地理环境。成千上万的植食性恐龙，如鸭嘴龙、角龙、甲龙等恐龙生活于此，肉食性恐龙，如暴龙、虚骨龙等恐龙时常出没，构成了完整的生物链。大规模泥石流的爆发，毁灭了诸城的恐龙世界，之后大量的恐龙遗骸被泥石流从不远处冲积到恐龙涧而成了恐龙死亡的大坟场。然后迅速被大量泥沙掩埋，与空气隔绝，造成了恐龙骨骼的集群埋藏，从而形成了保存完好、规模巨大的恐龙化石群。

2011年，中国地质科学院地质研究所的何碧竹博士等来诸城与诸城市恐龙文化研究中心开展合作，探寻产生大规模山体滑坡或泥石流等突发事件的触发因素。在诸城恐龙涧发掘点的上白垩统王氏群的辛格庄组与红土崖组中发育多种类型的软沉积物变形构造，主要包括负载构造、挤入构造、球—枕构造、液化卷曲变形、混插沉积构造、地震断裂等古地震事件的记录，这些构造特征都是尚未固结或半固结的碎屑在震动作用下呈现的重力分异效果。且具有多期次的特点，说明晚白垩世诸城地区地震活动频繁，可能是造成毁灭诸城鸭嘴龙泥石流爆发的原因。

综合以上关于地震和泥石流的相关研究，专家们得出这样的结论：在7000万年前的白垩纪晚期，诸城地区地震频发，强烈的地震引发了山洪、泥石流的爆发，诸城恐龙就死于这场突发的自然灾害。

我们相信，随着恐龙化石的逐步深入研究，将会不断有新的发现，对诸城恐龙灭绝原因的分析研究提供更多的理论支撑。

### 知识链接

### 生物灭绝事件

生物灭绝又叫生物绝种。它并不总是匀速的，逐渐进行的，经常会有大规模的集群灭绝，整科，整目甚至整纲的生物在可以很短的时间内彻底消失或仅有极少数残存下来。最近七亿年以来大规模的集群灭绝至少出现过九次之多，其中最大规模的集群灭绝出现过两次。第一次发生在古生代末期，这次灭绝主要发生在海洋中，当时发生了生物礁的第三次瓦解。古生代末期灭绝的类群有原生动物门的纺锤虫的全部；腔肠动物门的四射珊瑚的全部；软体动物门的菊石的大部分，软舌螺的全部；节肢动物门的板足鲎的全部；棘皮动物门的海蕾的全部，海百合的大部分；腕足动物门的大部分； 苔藓动物门的大部分。陆地动物的灭绝没有那样显著。第二次发生在中生代末期，即著名的"恐龙灭绝"，海洋和陆地的动物都发生了大规模灭绝，但海洋中的灭绝没有古生代末那次的剧烈。

# 旅游资讯

行住吃游购娱

# 行

　　山东诸城恐龙国家地质公园园区交通便利，区位优势突出，东、南靠青岛港、日照港，西临京沪、京福高速公路，北邻胶济铁路，青兰高速、胶新铁路南线横穿市境，公园区西北距济南190千米，西距泰安130千米，东距青岛100千米。

诸城交通区位简图

## 航空交通

诸城距离青岛流亭国际机场、潍坊南苑机场均约100千米左右,乘车1小时可到达。开通有上海、北京、广州等大中城市航班。

## 公路交通

G206、S222、S220、S217、S329等公路干线均位于园区及其附近,交通条件具全国先进水平。济青高速公路南线贯穿诸城,市内6条干线公路四通八达,乘车1小时可达青岛、日照两大港口。诸城远征汽车站发往全国各地或途经诸城的班车到达地有:青岛、济南、北京、潍坊、烟台、日照、临沂、淄博、高密、徐州、黄岛、龙口、淄川、蓬莱、昌邑、碱厂、五莲等。

## 铁路

山东诸城恐龙国家地质公园区北邻胶济铁路,胶新铁路南线横穿市境,诸城列车站离高密站8公里,离五莲站20公里。铁路旅客列车经过诸城的有十多列,分别至青岛、曹县、烟台、枣庄西、南京、威海、汉口、广州、成都、重庆等大中城市。

# 住

近年来,诸城密州宾馆、栗园酒店、杨春国际酒店、华玺大酒店、华洋大酒店等一批高档星级酒店相继建成使用。目前星级饭店10家,其中四星级4家;星级餐馆15家。

住宿是游客实施旅游活动的基本前提。在诸城恐龙国家地质公园旅游时,游客既能享受星级宾馆酒店的豪华接待,也可选择不同风格的"家庭旅馆"。

## 诸城宾馆饭店推荐

| | | |
|---|---|---|
| 密州宾馆 | 诸城市府前街1号 | 0536-6565209 |
| 栗园酒店 | 诸城市昌城镇刘墉栗园景区 | 0536-6170377 |
| 华玺大酒店 | 诸城市密州东路16号 | 0536-6048989-27705 |
| 杨春国际酒店 | 诸城市繁荣西路145号 | 0536-6173388 |
| 中粮宾馆 | 诸城市兴华路 | 0536-6072111 |
| 华洋大酒店 | 诸城市和平街6号 | 0536-6212773 |
| 福泰华大酒店 | 诸城市和平街33号 | 0536-2168577；0536-2163333 |
| 舜耕假日酒店 | 诸城市密州路中段 | 0536-2167777 |
| 东升大酒店 | 诸城市兴华西路34号 | 0536-6091200；0536-6091002 |
| 巨环宾馆 | 诸城市北外环北石桥666号 | 0536-6046801 |
| 世家商务酒店 | 诸城市中百大厦西邻 | 0536-6312222 |
| 泰华宾利酒店 | 诸城市密州路10号魅力城 | 0536-6178838 |
| 汉唐快捷 | 诸城市密州路39号 | 0536-2165555 |
| 蓝天快捷宾馆 | 诸城市密州路13号（车站对面） | 0536-6888008 |

# 吃

诸城的吃可谓名声在外。"待要吃好饭,诸安二县。""一张好嘴,一汪好水,一桌好饭,一双好腿。""三天不吃猪头肉就耷拉头拉不动腿。"这些形容诸城吃文化的"名言绝句",是对诸城人在吃的方面最真切的反映和最公正的评价。诸城的烧烤和辣丝,让初来乍到的外地人吃得双腮发红,两眼发亮。

### 诸城辣丝子

"诸城辣丝"在冬季、春节凉菜中堪称一绝。是诸城民间流传的一种具有乡土风味的凉菜。

"诸城辣丝"是以辣菜疙瘩为主要原料,在冬季精心制作而成的一种辣味凉菜,俗称"辣丝子"。它颜色洁白,刀功细腻,条型丝状,清脆爽口,辣味独特,别具一格。近几年来,随着人民生活水平的提高,食用辣丝子的人越来越多,促进了诸城辣丝的生产。密州街道、昌城相继出现了辣丝子专业村、专业户,诸城辣丝已由原来的百姓自做自吃,发展到了用罐头瓶、塑料袋包装,在食品市场上销售。

### 烤鸡背

"烤鸡背"俗称"烤鸡架子",是山东名吃"诸城烧烤"的一种。

取原生自养家鸡,将鸡背洗干净,放大锅煮到熟烂,加盐、葱、姜、茴香等基本的调料。把大锅干烧,烧热到微红,然后迅速撒一把红糖放上锅篦,放上鸡背盖好锅盖等上10分钟红糖全部焦化的烟熏好了,出锅热吃。其色、香、味俱佳,香而不腻,回味悠长。

### 诸城"烧又"(烧肉)

密州一绝,时逢春节家家自制。以新鲜猪肉煨以多种佐料,入锅煮至脱骨,肉凉置于铁箅子入锅

（传统大铁锅），红糖入锅底，文火煨之，红糖化烟将猪头肉熏至酱红色，熏烤味弥漫四邻，入口香而不腻，四季皆有售。

### 板栗

诸城板栗，从清初引种，至今已有300多年的栽培历史。目前，诸城的主要品种是明栗子以及从烟台引进的红光、金丰等优良品种。

诸城板栗品质上乘，味美可口，含有丰富的蛋白质、脂肪和糖分等。1983年在全省板栗质量鉴定会上，昌城镇潍东村从百年以上的大树优选出的潍东7号、潍东38号栗子被评为第九名。在1988年板栗质量鉴定会上，昌城镇芦河1号又获得了三等奖。近年来，诸城在平原地区建立了板栗密植丰产园，以大部分低产园进行开发改造，使板栗生产实现了良种化。

### 红富士苹果

诸城市自1982年开始引进繁育红富士苹果，共引进长富1、长富2、长富6、秋富1、岩富10等五个单系，成为山东省较早发展红富士苹果生产的县市之一。诸城市出产的红富士苹果色泽艳丽，甜脆可口，1989年被评为山东省和农业部优质苹果，并在全国总评中评为第一名，成为一个具有地方特色的优质苹果品种。

### 诸城黄樱桃

黄樱桃主要分布在诸城南部山区，栽培历史悠久。自明洪武年间（1364-1368年）开始栽培，约有500～600年的历史。目前全市黄樱桃年产10万公斤左右。

黄樱桃果实平均单果重2.5克，圆球形，顶端无

尖，果梗较长，梗洼圆形，狭而较深，向阳面有红晕，有光泽，外形美观，皮厚不易剥离，果肉黄色微红，果汁多，味甜微酸，风味品质上乘。每年5月中旬，是优良的生食品种。

### 密州烤鸭

诸城密州烤鸭选用天津鸭，烤制时选用枣木、苹果木等果木熏烤，故以皮酥肉嫩驰名中外。在食用时配上精制和特选的单饼、大葱、大酱等10多种佐料，味道鲜美，质感肥而不腻，是宴请贵宾的上等佳肴。

### 密州凤翅

"密州凤翅"是诸城久负盛名的一道名菜，至今已有近300年的历史。

"密州凤翅"始创于清朝乾隆年间。刘墉回诸城老家祭祖，从宫廷中带来一位名厨，这名厨师烹饪技术高超，"提篮鸡"是他的拿手好菜。随刘墉来诸城后，这名厨师以"提篮鸡"的烹调方法，专用鸡翅做了一道菜，这道菜深受食客的喜爱，后根据诸城古称"密州"，将这道菜取名为"密州凤翅"。所以，"密州凤翅"也是清朝宫廷中的一道传统工艺名菜。

### 敞口山楂

敞口山楂，在诸城以马庄、石桥子

等地栽培历史最长，约2000多年。现在敞口山楂已成为诸城市山楂产区的主栽品种，成为远近闻名的"山楂之乡"。

敞口山楂果实扁圆形，果皮涂红，果点黄白色，密集，果皮较粗糙，无光泽，因萼筒大而深，萼片开张而成"敞口"。敞口山楂营养含量丰富，钙和铁的含量居各种水果之首。特别是含大量抗坏血酸。由于营养丰富，近几年山楂及加工品已被称为治疗心脏病，高血压等疾病的"疗效食品"，受到人们的欢迎。

### 潍河鲤鱼

诸城市境内的潍河自古以盛产鲤鱼而驰名，人们习惯称这里的鲤鱼为"潍河鲤鱼"。

潍河鲤鱼生长迅速，食料来源广泛，能在静水中自然繁殖，个体较大，肉多，刺少，味鲜美，食用价值高。目前，潍河鲤鱼在诸城还没有作为主养品种，仅限于在潍河水系内生殖繁衍。

# 游

目前，诸城基本建成了以恐龙文化为主调、名人文化为主线、以"六山七水八园"（马耳山、障日山、大山、常山、竹山、卢山、潍河、涓河、扶淇河、芦河、墙夼水库、三里庄水库、青墩水库、万亩板栗园、万亩桃园、万亩梨园、万亩茶园、万兴植物园、大源园林、密州园林、松岛鹿园）为主体的现代旅游城市框架，成为著名的旅游城市。

1. 图腾之旅—恐龙探秘游

恐龙公园 — 恐龙博物馆 — 山东诸城恐龙国家地质公园（恐龙化石长廊、龙立方）— 诸城中国暴龙馆 — 皇龙沟恐龙足迹群

2. 崇尚之旅—名人文化游

诸城博物馆 — 诸城名人馆 — 大舜苑 — 王统照故居 — 超然台 — 王尽美烈士纪念馆 — 臧克家故居

3. 安康之旅—山水体验游

刘墉栗园 — 潍河公园 — 常山文化博物苑 — 马耳山景区 — 大源园林 — 松岛生态文化苑

4. 经典之旅—品牌工业游

福田奥铃工业园 — 欧美尔家居产业园 — 得利斯工业园 — 新郎希努尔产业园 — 诸城密州酒业有限公司

5. "中国龙城·舜帝故里"精品一日游

【上午】恐龙博物馆 — 诸城中国暴龙馆 — 山东诸城恐龙国家地质公园—皇龙沟恐龙足迹群—常山文化博物苑

【下午】超然台 — 诸城博物馆、诸城名人馆 — 潍河公园 — 大舜苑 — 刘墉栗园

6. "中国龙城·舜帝故里"访古览胜两日游

【第一日】恐龙博物馆 — 山东诸城恐龙国家地质公园 — 诸城中国暴龙馆 — 臧克家故居 — 常山文化博物苑 — 超然台 — 诸城博物馆 — 诸城名人馆

【第二日】马耳山 — 潍河公园 — 大舜苑 — 欧美尔家居产业园 — 刘墉栗园

# 购

诸城历史悠久，地理位置优越，土壤质地较好，气候条件适宜，物质资源丰富。经过长期的人工选择与自然选择，形成了大量的土特名产而享誉国内外。其代表为诸城辣丝、得利斯系列产品、花岗岩、岔道口牌酱菜、密州春系列、桃林茶等。

### 得利斯系列产品

"得利斯"，英文译意是鲜嫩味美的肉制品。得利斯系列产品，是诸城市得利斯公司加工生产的。在得利斯系列产品中，从西欧引进工艺与配方生产的圆火腿，营养丰富，做工精良。1990年该产品荣获"西湖杯"国际食品博览会金奖。

得利斯系列产品深受广大消费者的喜爱，市场不断扩大畅销潍坊、青岛、济南等20多个大中城市。

### 岔道口牌酱菜

岔道口牌酱菜采用孙氏祖传秘方，相传在清代就久负盛名，后经几代人的钻研，使配方更科学，工艺更先进，酱菜色泽光润，酱香浓郁，香甜可口，包装精美，深受消费者喜爱。

### 诸香附

诸城市出产的香附，据清《乾隆诸城县志·方物考》记载，大约1500年前开始被人们认识应用，其主要药用功效理气疏肝，调经活血，适用于胃腹胀痛、两肋疼痛、月经不调等症。

潍河岸边的白玉山子社区出产的香附别具特色，药效高，质量好，个大质坚实，横断面色紫红，角质层有明显的金丝圈，历史上被行家誉为"白玉香附"而驰名全国，是诸香附中的姣姣者。

### 密州龙爪

诸城密州龙爪，早在清朝时就负有盛名。它选

用修长的猪脚为原料，调入盐、葱、姜和五香粉等10多种佐料生腌，再放入锅中煮熟，最后用特选的重料熏烤。

食用起来香味浓郁，肥而不腻，倍受赞誉。密州龙爪以其含胶质多、营养成分丰富，被誉为食品中的"美容王"，常食用，皮肤可细腻洁白。

### 诸城绿茶

诸城绿茶有中国"最北端茗茶"之誉，其品牌"颖青绿茶"被中国农业部认定为国家有机食品。山东诸城的茶叶的历史始于元代，是经长期栽培和选育的诸城市地方茶叶品种。"诸城绿茶"主产于诸城市桃林镇。

诸城绿茶叶片肥厚嫩绿，含多种微量元素，汤色绿、栗香高、滋味浓、耐冲泡。

# 娱

诸城地方文艺形式包括茂腔戏曲、古琴表演、诸城大鼓等，民俗风情具有典型的北方特点，属于典型的胶州半岛区域文化。公共文化娱乐休闲设施有诸城市博物馆、诸城文化馆、恐龙公园等。

## 诸城市博物馆

诸城市博物馆坐落在风景秀丽的潍河南岸，总占地58亩，总建筑面积2.2万平方米，陈列面积1.8万平方米，大小陈列厅15个，配套设施建筑面积4000平方米，其中文物库房建筑面积2500平方米，是目前国内单体建筑面积最大的县级博物馆。

诸城历史悠久，文化灿烂。诸城博物馆目前馆藏文物15000余件，其中国家一级文物89件，二级文物65件，三级文物383件。品类齐全，工艺精湛，具有极高的科学价值、历史价值和艺术价值。藏品以诸城地区文物为主，全面反映了诸城地区不同历史时期的古文化史貌，成为中华民族历史文化遗产的瑰宝。

馆内设有诸城通史、书画揽珍、石刻艺术、佛造像艺术、陶瓷艺术、文房珍宝、远古奥秘、诸城非物质文化遗产展等基本陈列，陈列展出包括铜鹰首壶、铜投壶、铜编钟、铜獬豸、卢舍那笑佛和大明宣德碗等国宝级珍贵文物在内的近6千件历史文物真品。展览以文物、文献、图片、绘画、场景、模型为主，辅以声、光、电及高科技视听、电

子触摸屏、虚拟翻书等国内先进展陈手段，生动形象地介绍了诸城历史沿革、名胜古迹、珍贵文物、历代名人等，全面展示诸城历史文化的内涵。其中《诸城佛教造像陈列》荣获全国第九届十大陈列展览精品新材料、新技术运用奖，成为全国唯一一个获奖的县级博物馆。近年来，诸城博物馆年接待游客超过30余万人次，较好的发挥了博物馆的社会教育功能。

诸城名人馆

诸城名人馆建成于2010年8月，建筑面积8000平方米，总投资8000万元。

诸城自古以来就是一座崇教尚文的文化名城，千百年来，名人辈出，灿若星辰。上古明君虞舜，孔子的弟子和女婿、春秋七十二贤之一的公冶长，北宋女词人李清照的丈夫、著名金石学家赵明诚，北宋杰出的现实主义画家、《清明上河图》的作者张择端，明清著名的文学家、《续金瓶梅》的作者丁耀亢，外号刘罗锅的清朝名臣、著名书法家刘墉，清乾隆尚书房总师傅、《四库全书》总阅窦光鼐，中共一大代表、山东党组织最早的组织者和领导者王尽美，著名作家王统照，世纪诗人臧克家，曲艺大师陶钝，军旅作家王愿坚，著名表演艺术家崔嵬、李仁堂……形成了独具特色的诸城名人文化。名人馆从诸城灿若繁星的历代名人中选出70位进行陈列展示，展示内容以名人史料为主。整个陈列沿历史发展脉络展开，结合专题陈列，融学术性、艺术性和观赏性于一体，再现诸城各个历史时期所涌现出的杰出代表人物生平事迹，展现他们对诸城、中国乃至人类发展所作出的重要贡献，体现诸城物华天宝、人杰地灵的美好形象。

诸城名人馆自建成开放以来，共计接待市内外游客50余万人次，成为进行传统教育和爱国主义教育的课堂和诸城名人文化旅游线上的重要景点。

诸城恐龙博物馆（诸城恐龙公园）

诸城恐龙公园建于1992年，位于诸城市区，北靠潍河，东临扶淇河，公园四面以水环绕，占地1000余亩，其中水面200亩。公园突出绿化、美化、亮化特点，形成了科普体验区、水上游乐区、文化娱乐区、密林探险区、休闲观赏区、九龙戏水区和空中鸟瞰区等七大功能区、四十个景点，实现了"三季有花、四季常青"的景观效果。园内栽植各类树木数十万株，其中，古树、大树万余株，绿地率达85%，是诸城的"城市绿肺"和"森林氧吧"。人工湖与潍河相通，水质清澈，生长着潍河鲤鱼、鲢鱼、草鱼等多种鱼类，吸引了大量的白鹭、水鸭、喜鹊等鸟类在此栖息。恐龙公园已成为游客赏花、观绿、垂钓、健身、休闲的好去处。

公园内的主要景点为诸城恐龙博物馆，国家AAAA级旅游景区，建筑面积5400平方米，建于1997年，是一座集收藏、陈列、研究恐龙和其他古生物为一体的综合性博物馆。博物馆建筑风格独特，俯视似八条巨龙相抱互拥，给人以腾飞的动感，平视似古埃及金字塔。馆内陈列有世界上最大的鸭嘴龙化石骨架——"巨大诸城龙"和极富传奇色彩的龙骨化石——"恐龙股骨"。自开放以来，先后接待了三十多位党和国家领导人以及众多的社会知名人士，成为诸城市对外宣传的重要窗口、诸城"恐龙之旅"的必游之地。

2009年，诸城市恐龙博物馆荣获国家4A级旅游景区和"好客山东"旅游景区金榜品牌。2010年，诸城市恐龙公园管理处被团省委授予"山东省青年文明号"称号，成为诸城市首个获此殊荣的旅游单位。

# 中国国家地质公园丛书编制出版编目
ZHONGGUO GUOJIA DIZHIGONGYUAN CONGSHU BIANZHI CHUBAN BIANMU

| 卷本编号 | 分册序号 | 国家地质公园名录 |
|---|---|---|
| 第一卷 | | 北京卷 |
| 1 | 025 | 北京石花洞国家地质公园 |
| 2 | 036 | 北京延庆硅化木国家地质公园 |
| 3 | 062 | 北京十渡国家地质公园 |
| 4 | 166 | 北京密云云蒙山国家地质公园 |
| 5 | 175 | 北京平谷黄松峪国家地质公园 |
| 第二卷 | | 天津卷 |
| 1 | 019 | 天津蓟县国家地质公园 |
| 第三卷 | | 河北卷 |
| 1 | 027 | 河北涞源白石山国家地质公园 |
| 2 | 029 | 河北秦皇岛柳江国家地质公园 |
| 3 | 032 | 河北阜平天生桥国家地质公园 |
| 4 | 069 | 河北赞皇嶂石岩国家地质公园 |
| 5 | 070 | 河北涞水野三坡国家地质公园 |
| 6 | 100 | 河北临城国家地质公园 ■ |
| 7 | 108 | 河北武安国家地质公园 |
| 8 | 165 | 河北兴隆国家地质公园 |
| 9 | 170 | 河北迁安—迁西国家地质公园 |
| 10 | 192 | 河北邢台峡谷群国家地质公园 |
| 11 | 206 | 河北承德国家地质公园 |
| 第四卷 | | 山西卷 |
| 1 | 030 | 黄河壶口瀑布国家地质公园 |
| 2 | 120 | 山西五台山国家地质公园 |
| 3 | 133 | 山西壶关峡谷国家地质公园 |
| 4 | 134 | 山西宁武冰洞国家地质公园 |
| 5 | 177 | 山西陵川王莽岭国家地质公园 |
| 6 | 183 | 山西大同火山群国家地质公园 ■ |
| 7 | 191 | 山西平顺天脊山国家地质公园 |
| 8 | 195 | 山西永和黄河蛇曲国家地质公园 |
| 第五卷 | | 内蒙古卷 |
| 1 | 014 | 内蒙古克什克腾国家地质公园 ■ |
| 2 | 066 | 内蒙古阿尔山国家地质公园 |
| 3 | 122 | 内蒙古阿拉善沙漠国家地质公园 |
| 4 | 147 | 内蒙古二连浩特国家地质公园 |
| 5 | 159 | 内蒙古宁城国家地质公园 |
| 6 | 208 | 内蒙古巴彦淖尔国家地质公园 |
| 7 | 210 | 内蒙古鄂尔多斯国家地质公园 |
| 第六卷 | | 辽宁卷 |
| 1 | 049 | 辽宁朝阳鸟化石国家地质公园 |
| 2 | 125 | 大连滨海国家地质公园 |
| 3 | 130 | 辽宁本溪国家地质公园 |
| 4 | 137 | 大连冰峪沟国家地质公园 |
| 第七卷 | | 吉林卷 |
| 1 | 077 | 吉林靖宇火山矿泉群国家地质公园 |
| 2 | 140 | 吉林长白山火山国家地质公园 |
| 3 | 181 | 吉林乾安泥林国家地质公园 |
| 4 | 207 | 吉林抚松国家地质公园 |
| 第八卷 | | 黑龙江卷 |
| 1 | 006 | 黑龙江五大连池火山地貌国家地质公园 ■ |
| 2 | 024 | 黑龙江嘉荫恐龙国家地质公园 |
| 3 | 083 | 黑龙江伊春花岗岩石林国家地质公园 |
| 4 | 090 | 黑龙江镜泊湖国家地质公园 |
| 5 | 127 | 黑龙江兴凯湖国家地质公园 |
| 6 | 179 | 黑龙江伊春小兴安岭国家地质公园 |
| 7 | 219 | 黑龙江凤凰山国家地质公园 |
| 第九卷 | | 上海卷 |
| 1 | 138 | 上海崇明岛国家地质公园 |
| 第十卷 | | 江苏卷 |
| 1 | 075 | 江苏苏州太湖西山国家地质公园 |
| 2 | 121 | 江苏六合国家地质公园 |
| 3 | 158 | 江苏江宁汤山方山国家地质公园 |
| 第十一卷 | | 浙江卷 |
| 1 | 026 | 浙江常山国家地质公园 |
| 2 | 038 | 浙江临海国家地质公园 |
| 3 | 047 | 浙江雁荡山国家地质公园 ■ |
| 4 | 055 | 浙江新昌硅化木国家地质公园 |
| 第十二卷 | | 安徽卷 |
| 1 | 012 | 安徽黄山国家地质公园 ■ |
| 2 | 028 | 安徽齐云山国家地质公园 |
| 3 | 035 | 安徽浮山国家地质公园 |
| 4 | 041 | 安徽淮南八公山国家地质公园 |
| 5 | 060 | 安徽祁门牯牛降国家地质公园 |
| 6 | 089 | 安徽天柱山国家地质公园 |
| 7 | 092 | 安徽大别山（六安）国家地质公园 |
| 8 | 145 | 安徽池州九华山国家地质公园 |
| 9 | 182 | 安徽凤阳韭山国家地质公园 ■ |
| 10 | 198 | 安徽广德太极洞国家地质公园 |
| 11 | 200 | 安徽丫山国家地质公园 |
| 第十三卷 | | 福建卷 |
| 1 | 008 | 福建漳州滨海火山地貌国家地质公园 |
| 2 | 021 | 福建大金湖国家地质公园 ■ |
| 3 | 058 | 福建晋江深沪湾国家地质公园 |
| 4 | 067 | 福建福鼎太姥山国家地质公园 |
| 5 | 078 | 福建宁化天鹅洞群国家地质公园 |
| 6 | 091 | 福建德化石牛山国家地质公园 |
| 7 | 096 | 福建屏南白水洋国家地质公园 |
| 8 | 103 | 福建永安国家地质公园 |
| 9 | 149 | 福建连城冠豸山国家地质公园 |

| 卷本编号 | 分册序号 | 国家地质公园名录 |
|---|---|---|
| 10 | 167 | 福建白云山国家地质公园 |
| 11 | 194 | 福建平和灵通山国家地质公园 |
| 12 | 197 | 福建政和佛子山国家地质公园 |

## 第十四卷 江西卷

| | | |
|---|---|---|
| 1 | 004 | 江西庐山第四纪冰川国家地质公园 |
| 2 | 011 | 江西龙虎山丹霞地貌国家地质公园 |
| 3 | 102 | 江西三清山国家地质公园 |
| 4 | 124 | 江西武功山国家地质公园 |

## 第十五卷 山东卷

| | | |
|---|---|---|
| 1 | 018 | 山东山旺国家地质公园 |
| 2 | 034 | 山东枣庄熊耳山国家地质公园 |
| 3 | 079 | 山东东营黄河三角洲国家地质公园 |
| 4 | 086 | 山东泰山国家地质公园 |
| 5 | 101 | 山东沂蒙山国家地质公园 |
| 6 | 114 | 山东长山列岛国家地质公园 |
| 7 | 144 | 山东诸城恐龙国家地质公园 |
| 8 | 164 | 山东青州国家地质公园 |
| 9 | 185 | 山东莱阳白垩纪国家地质公园 |
| 10 | 202 | 山东沂源鲁山国家地质公园 |

## 第十六卷 河南卷

| | | |
|---|---|---|
| 1 | 003 | 河南嵩山地层构造国家地质公园 |
| 2 | 022 | 河南焦作云台山国家地质公园 |
| 3 | 037 | 河南内乡宝天幔国家地质公园 |
| 4 | 045 | 河南王屋山国家地质公园 |
| 5 | 051 | 河南西峡伏牛山国家地质公园 |
| 6 | 054 | 河南嵖岈山国家地质公园 |
| 7 | 088 | 河南郑州黄河国家地质公园 |
| 8 | 099 | 河南关山国家地质公园 |
| 9 | 107 | 河南洛宁神灵寨国家地质公园 |
| 10 | 110 | 河南洛阳黛眉山国家地质公园 |
| 11 | 117 | 河南信阳金刚台国家地质公园 |
| 12 | 173 | 河南小秦岭国家地质公园 |
| 13 | 176 | 河南红旗渠—林虑山国家地质公园 |
| 14 | 211 | 河南汝阳恐龙国家地质公园 |
| 15 | 214 | 河南尧山国家地质公园 |

## 第十七卷 湖北卷

| | | |
|---|---|---|
| 1 | 073 | 长江三峡国家地质公园（湖北） |
| 2 | 104 | 湖北神农架国家地质公园 |
| 3 | 132 | 湖北木兰山国家地质公园 |
| 4 | 136 | 湖北郧县恐龙蛋化石群国家地质公园 |
| 5 | 143 | 湖北武当山国家地质公园 |
| 6 | 171 | 湖北黄冈大别山国家地质公园 |
| 7 | 203 | 湖北五峰国家地质公园 |
| 8 | 213 | 湖北咸宁九宫山—温泉国家地质公园 |

## 第十八卷 湖南卷

| 卷本编号 | 分册序号 | 国家地质公园名录 |
|---|---|---|
| 1 | 002 | 湖南张家界砂岩峰林国家地质公园 |
| 2 | 042 | 湖南郴州飞天山国家地质公园 |
| 3 | 043 | 湖南崀山国家地质公园 |
| 4 | 098 | 湖南凤凰国家地质公园 |
| 5 | 118 | 湖南古丈红石林国家地质公园 |
| 6 | 126 | 湖南酒埠江国家地质公园 |
| 7 | 154 | 湖南乌龙山国家地质公园 |
| 8 | 169 | 湖南湄江国家地质公园 |
| 9 | 196 | 湖南平江石牛寨国家地质公园 |
| 10 | 218 | 湖南浏阳大围山国家地质公园 |

## 第十九卷 广东卷

| | | |
|---|---|---|
| 1 | 016 | 广东丹霞山国家地质公园 |
| 2 | 031 | 广东湛江湖光岩国家地质公园 |
| 3 | 081 | 广东佛山西樵山国家地质公园 |
| 4 | 085 | 广东阳春凌霄岩国家地质公园 |
| 5 | 093 | 广东深圳大鹏半岛国家地质公园 |
| 6 | 097 | 广东封开国家地质公园 |
| 7 | 135 | 广东恩平地热国家地质公园 |
| 8 | 168 | 广东阳山国家地质公园 |

## 第二十卷 广西卷

| | | |
|---|---|---|
| 1 | 044 | 广西资源国家地质公园 |
| 2 | 050 | 广西百色乐业大石围天坑群国家地质公园 |
| 3 | 053 | 广西北海涠洲岛火山国家地质公园 |
| 4 | 106 | 广西凤山岩溶国家地质公园 |
| 5 | 123 | 广西鹿寨香桥岩溶国家地质公园 |
| 6 | 156 | 广西大化七百弄国家地质公园 |
| 7 | 163 | 广西桂平国家地质公园 |
| 8 | 189 | 广西宜州水上石林国家地质公园 |
| 9 | 199 | 广西浦北五皇山国家地质公园 |

## 第二十一卷 海南卷

| | | |
|---|---|---|
| 1 | 074 | 海南海口石山火山群国家地质公园 |

## 第二十二卷 重庆卷

| | | |
|---|---|---|
| 1 | 065 | 重庆武隆岩溶国家地质公园 |
| 2 | 073 | 长江三峡国家地质公园（重庆） |
| 3 | 084 | 重庆黔江小南海国家地质公园 |
| 4 | 131 | 重庆云阳龙缸国家地质公园 |
| 5 | 160 | 重庆万盛国家地质公园 |
| 6 | 178 | 重庆綦江木化石-恐龙国家地质公园 |
| 7 | 209 | 重庆酉阳国家地质公园 |

## 第二十三卷 四川卷

| | | |
|---|---|---|
| 1 | 007 | 四川自贡恐龙古生物国家地质公园 |
| 2 | 010 | 四川龙门山构造国家地质公园 |
| 3 | 017 | 四川海螺沟国家地质公园 |
| 4 | 020 | 四川大渡河峡谷国家地质公园 |
| 5 | 033 | 四川安县生物礁国家地质公园 |

# 中国国家地质公园丛书编制出版编目
## ZHONGGUO GUOJIA DIZHIGONGYUAN CONGSHU BIANZHI CHUBAN BIANMU

| 卷本编号 | 分册序号 | 国家地质公园名录 | | 卷本编号 | 分册序号 | 国家地质公园名录 |
|---|---|---|---|---|---|---|
| 6 | 046 | 四川九寨沟国家地质公园 | | 2 | 030 | 黄河壶口瀑布国家地质公园 |
| 7 | 048 | 四川黄龙国家地质公园 | | 3 | 039 | 陕西洛川黄土国家地质公园 |
| 8 | 064 | 四川兴文石海国家地质公园 ■ | | 4 | 111 | 陕西延川黄河蛇曲国家地质公园 |
| 9 | 094 | 四川射洪硅化木国家地质公园 | | 5 | 162 | 陕西商南金丝峡国家地质公园 |
| 10 | 095 | 四川四姑娘山国家地质公园 | | 6 | 180 | 陕西岚皋南宫山国家地质公园 |
| 11 | 113 | 四川华蓥山国家地质公园 | | 7 | 193 | 陕西柞水溶洞国家地质公园 |
| 12 | 119 | 四川江油国家地质公园 | | 8 | 215 | 陕西耀州照金丹霞国家地质公园 |
| 13 | 152 | 四川大巴山国家地质公园 | | **第二十八卷 甘肃卷** | | |
| 14 | 157 | 四川光雾山—诺水河国家地质公园 | | 1 | 013 | 甘肃敦煌雅丹国家地质公园 |
| 15 | 212 | 四川青川地震遗迹国家地质公园 | | 2 | 023 | 甘肃刘家峡恐龙国家地质公园 |
| 16 | 216 | 四川绵竹清平—汉旺国家地质公园 | | 3 | 061 | 甘肃景泰黄河石林国家地质公园 |
| **第二十四卷 贵州卷** | | | | 4 | 071 | 甘肃平凉崆峒山国家地质公园 |
| 1 | 052 | 贵州关岭化石群国家地质公园 | | 5 | 155 | 甘肃和政古生物化石国家地质公园 |
| 2 | 063 | 贵州兴义国家地质公园 | | 6 | 172 | 甘肃天水麦积山国家地质公园 |
| 3 | 080 | 贵州织金洞国家地质公园 | | 7 | 190 | 甘肃炳灵国家地质公园 |
| 4 | 082 | 贵州绥阳双河洞国家地质公园 | | 8 | 201 | 甘肃张掖国家地质公园 |
| 5 | 115 | 贵州六盘水乌蒙山国家地质公园 | | **第二十九卷 青海卷** | | |
| 6 | 128 | 贵州平塘国家地质公园 | | 1 | 068 | 青海尖扎坎布拉国家地质公园 |
| 7 | 150 | 贵州黔东南苗岭国家地质公园 | | 2 | 105 | 青海久治年宝玉则国家地质公园 |
| 8 | 153 | 贵州思南乌江喀斯特国家地质公园 | | 3 | 112 | 青海格尔木昆仑山国家地质公园 |
| 9 | 204 | 贵州赤水丹霞国家地质公园 ■ | | 4 | 116 | 青海互助嘉定国家地质公园 |
| **第二十五卷 云南卷** | | | | 5 | 174 | 青海贵德国家地质公园 |
| 1 | 001 | 云南石林岩溶峰林国家地质公园 ■ | | 6 | 205 | 青海青海湖国家地质公园 |
| 2 | 005 | 云南澄江动物群古生物国家地质公园 | | 7 | 217 | 青海玛沁阿尼玛卿山国家地质公园 |
| 3 | 015 | 云南腾冲火山国家地质公园 | | **第三十卷 宁夏卷** | | |
| 4 | 056 | 云南禄丰恐龙国家地质公园 | | 1 | 076 | 宁夏西吉火石寨国家地质公园 |
| 5 | 059 | 云南玉龙黎明—老君山国家地质公园 | | 2 | 151 | 宁夏灵武国家地质公园 |
| 6 | 087 | 云南大理苍山国家地质公园 | | **第三十一卷 新疆卷** | | |
| 7 | 141 | 云南丽江玉龙雪山冰川国家地质公园 | | 1 | 057 | 新疆布尔津喀纳斯湖国家地质公园 |
| 8 | 146 | 云南九乡峡谷洞穴国家地质公园 | | 2 | 072 | 新疆奇台硅化木—恐龙国家地质公园 |
| 9 | 184 | 云南罗平生物群国家地质公园 | | 3 | 109 | 新疆富蕴可可托海国家地质公园 |
| 10 | 188 | 云南泸西阿庐国家地质公园 | | 4 | 142 | 新疆天山天池国家地质公园 |
| **第二十六卷 西藏卷** | | | | 5 | 148 | 新疆库车大峡谷国家地质公园 |
| 1 | 040 | 西藏易贡国家地质公园 | | 6 | 186 | 新疆吐鲁番火焰山国家地质公园 |
| 2 | 129 | 西藏札达土林国家地质公园 | | 7 | 187 | 新疆温宿盐丘国家地质公园 |
| 3 | 161 | 西藏羊八井国家地质公园 | | **第三十二卷 香港卷** | | |
| **第二十七卷 陕西卷** | | | | 1 | 139 | 香港国家地质公园 |
| 1 | 009 | 陕西翠华山山崩地质灾害国家地质公园 | | | | |

注：① 《中国国家地质公园丛书》分册编目序号，按照国土资源部公布的各批国家地质公园名录顺序编列。该序号为该公园专用号；
② 《中国国家地质公园丛书》卷本编号按中国地图集各省(市、区)排序编列；
③ 本编目截至2011年12月30日国土资源部公布的第六批国家地质公园资格；
④ ■ 为已出版书目。